DEUTSCH ALS FREMDSPRACHE

Themen 1
aktuell

▶ **Kursbuch**

von

Hartmut Aufderstraße

Heiko Bock

Mechthild Gerdes

Jutta Müller

und Helmut Müller

Piktogramme

 Hörtext oder Hör-Sprech-Text auf CD oder Kassette (z.B. CD 1, Nr. 3)

 Lesen

 Schreiben

 Hinweis auf die Grammatikübersicht im Anhang (S. 128–146)

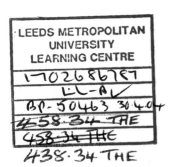
 Dieses Werk folgt der seit dem 1. August 1998 gültigen Rechtschreibreform. Ausnahmen bilden Texte, bei denen künstlerische, philologische oder lizenzrechtliche Gründe einer Änderung entgegenstehen.

€	5.	4.	3.		Die letzten Ziffern
2007	06	05	04	03	bezeichnen Zahl und Jahr des Druckes.

Alle Drucke dieser Auflage können, da unverändert, nebeneinander benutzt werden.
1. Auflage
© 2003 Max Hueber Verlag, D-85737 Ismaning
Umschlagfoto: © Rainer Binder, Bavaria Bildagentur, Gauting
Zeichnungen: martin guhl www.cartoonexpress.ch
Druck und Bindung: Schoder Druck Gersthofen
Printed in Germany
ISBN 3–19–001690–9

INHALT

„Themen" und „Themen neu" – das ist eine Erfolgsgeschichte, wie sie kein anderes Lehrwerk für Deutsch als Fremdsprache für sich verbuchen kann. Das Geheimnis dieses Erfolgs ist sicher nicht in irgend einer einzelnen Besonderheit zu suchen, sondern liegt in der gelungenen Kombination von methodischen, sprachlichen, textlichen und gestalterischen Qualitätsmerkmalen, die seit vielen Jahren die Kursleiterinnen und Kursleiter ebenso wie die Lernenden zu überzeugen vermögen.

„Themen" ist inzwischen, wir dürfen es wohl behaupten, zu einem Klassiker geworden. Das würde eigentlich bedeuten, dass man dieses Lehrwerk überhaupt nicht mehr verändern darf. Andererseits sorgt aber gerade seine unverwüstliche Langlebigkeit dafür, dass man die vertrauten Seiten vielleicht ein paar Mal zu oft gesehen hat und sich – bei aller Liebe – sozusagen einen neuen Anstrich wünscht. Zudem hat sich in den letzten Jahren auch die Welt in ein paar Punkten verändert.

Deshalb liegt jetzt das Lehrwerk „Themen aktuell" vor Ihnen. Die alten Qualitäten in neuem Gewand; und da, wo die gestrige Welt uns schon leicht befremdet hat, jetzt die heutige. Wir hoffen, dass „Themen aktuell" Ihrer Freude am Lernen und Unterrichten noch einmal zusätzlichen Auftrieb geben kann, und wünschen Ihnen viel Erfolg und viel Spaß dabei.

Autoren und Verlag

Guten Tag!
Ich heiße Helga Brunner.
Wie heißen Sie?

Ich heiße Halina Obara.

Mein Name ist Ingrid Lillerud.

Und ich heiße Christoph Biro.

1/1

Das ist Frau Brunner.

Wer ist das?

Wie bitte?

ERSTE KONTAKTE

Guten Tag,	ich heiße …
	mein Name ist …
Und wie heißen Sie?	Ich heiße …
	Mein Name ist …
Wer ist das?	Das ist Herr …
	Frau …
Wie bitte?	

1. Guten Tag!

1/2

| Mein Name ist | ... | |
| Ich heiße | | |

| Wer ist | Herr ...? | Ich. |
| | Frau ...? | Das bin ich. |

| Sind Sie | Herr ...? | Nein, | ich heiße ... |
| | Frau ...? | | mein Name ist ... |

2. Wie heißen Sie? – Wie heißt du?

Guten Abend! Ich heiße Julia Koch.

Mein Name ist Ilona Sprenger.

Hallo, ich bin die Ingrid. Wie heißt du?

Ich heiße Christoph.

Mein Name ist ...
Wie heißen Sie?

Hallo, ich bin | die Ingrid / ...
             | der Christoph / ...

Und | wie heißt | du?
    | wer bist |

3. Wie geht es Ihnen?

Ah, Herr König. Guten Morgen!

Guten Morgen, Herr Hoffmann. Wie geht es Ihnen?

Es geht. Und Ihnen?

Danke, gut!

Guten Morgen, | ...
Hallo,

Wie geht es | Ihnen?   Danke, | gut.
        | dir? | es geht.

                             Und | Ihnen?
                                 | dir?

Danke, auch gut.
Es geht.

4. Noch einmal, bitte langsam!

1/5

● Wie heißen Sie, bitte?	■ Raman Pathak.
● Wie ist Ihr Familienname?	■ Pathak.
● Noch einmal, bitte langsam!	■ Pa - thak.
● Wie schreibt man das? Buchstabieren Sie, bitte!	■ P - a - t - h - a - k.
● Und Ihr Vorname?	■ Raman. R - a - m - a - n.
● Und wo wohnen Sie?	■ In Erfurt.
● Ihre Adresse?	■ Ahornstraße 2, 99084 Erfurt.
● Und wie ist Ihre Telefonnummer?	■ 3 - 8 - 9 - 4 - 5 - 2 - 7.
● Danke schön!	■ Bitte schön!

5. Ergänzen Sie.

Familienname	Vorname	Wohnort	Straße	Telefon

a) Wie ist | Ihr | Name?
         | dein | Vorname?
              | ...?

§ 31

b) Fragen Sie im Kurs.

Wie heißen Sie?   Wie heißt du?
Wo wohnen Sie?   Wo wohnst du?
Wie ist Ihre ...?   Wie ist deine ...?

Ihr	Name		Ihre	Adresse
dein	Familienname		deine	Telefonnummer
	Vorname			

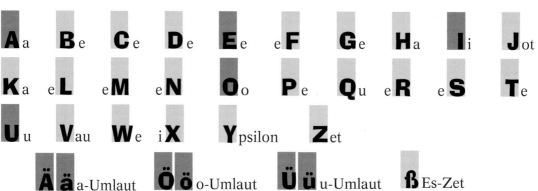

Wie heißen Sie, bitte?

Halina Obara.

Wie heißt du?

A a   B e   C e   D e   E e   e F   G e   H a   I i   J ot

K a   L e   M e   N e   O o   P e   Q u   e R   e S   T e

U u   V au   W e   i X   Y psilon   Z et

Ä ä a-Umlaut   Ö ö o-Umlaut   Ü ü u-Umlaut   ß Es-Zet

6. Zahlen: Null bis Hundert

0	null	**10**	zehn	**20**	zwanzig			**100**	hundert
1	eins	**11**	elf	**21**	einundzwanzig				
2	zwei	**12**	zwölf	**22**	zweiundzwanzig				
3	drei	**13**	dreizehn	**23**	dreiundzwanzig	**30**	dreißig		
4	vier	**14**	vierzehn	**24**	vierundzwanzig	**40**	vierzig		
5	fünf	**15**	fünfzehn	**25**	fünfundzwanzig	**50**	fünfzig		
6	sechs	**16**	sechzehn	**26**	sechsundzwanzig	**60**	sechzig		
7	sieben	**17**	siebzehn	**27**	siebenundzwanzig	**70**	siebzig		
8	acht	**18**	achtzehn	**28**	achtundzwanzig	**80**	achtzig		
9	neun	**19**	neunzehn	**29**	neunundzwanzig	**90**	neunzig		

7. Postleitzahlen

Die Postleitzahl ist einundsiebzig dreiundsiebzig zwei. Wie heißt der Ort?

73527 Täferrot
93104 Taimering
74388 Talheim Neckar
78607 Talheim Kreis Tuttlingen
71732 Tamm
23623 Tankenrade
84367 Tann Niederbayern
36142 Tann Rhöngebirge
86977 Tannenberg
73497 Tannhausen
88459 Tannheim Württemberg
38479 Tappenbeck
24594 Tappendorf
27412 Tarmstedt

Wie ist die Postleitzahl von ..., bitte?

8. Postkarten

a) Hören Sie Gespräch eins und notieren Sie die Adresse.

b) Hören und notieren Sie zwei weitere Adressen.

Absender

....

....

....

(Straße und Hausnummer oder Postfach)

(Postleitzahl)   (Ort)

1/6-8

100

SCHLOSS SCHWERIN   DEUTSCHLAND

Postkarte

....

....

(Straße und Hausnummer oder Postfach)

(Postleitzahl)   (Bestimmungsort)

1/9

9. Wer ist da, bitte?

a) Hören Sie und notieren Sie:

b) Hören Sie noch einmal und lesen Sie:

- Kaufmann.
- Kaufmann.
- Nein, hier ist 32 66 20.
- Macht nichts.

- Wer ist da, bitte?
- Ist da nicht Gräfinger? 32 36 20?
- Oh, Entschuldigung!

c) Spielen Sie weitere Dialoge.

1. Martin Sager	42 56 99	*Heinz Meyer*	*42 56 89*
2. Brigitte Lang	96 85 29	*Otto Kreuzer*	*96 55 27*
3. Franz Fuchs	93 61 73	*Maria Müller*	*93 33 28*
4. Heinz Lehmann	77 35 43	*Barbara Völler*	*77 65 43*
5. Hilde Anselm	34 11 58	*Kurt Schneider*	*24 11 58*

- …
- …
- Nein, hier ist …
- Bitte schön. Macht nichts.

- Wer ist da, bitte?
- Ist da nicht … ?
- Oh, Entschuldigung!

10. Wie viel ist das?

1. vierzig plus drei plus fünf ist …
2. sieben + zehn + zwei = …
3. sechzig minus zwanzig = …
4. achtzehn – zwölf + drei = …
5. sechsunddreißig – fünfzehn = …
6. fünf mal drei + drei = …
7. acht x vier – eins = …
8. sechzehn durch vier + fünf = …
9. zwanzig : zwei x fünf = …
10. dreizehn + siebzehn = …   : sechs = …

11. Wie weiter?

1 – 3 – 5 – …
30 – 28 – 26 – …
11 – 22 – 33 – …
98 – 87 – 76 – 65 – …
50 – 60 – 40 – 70 – 30 – …

Lösung Seite 147

Düsseldorf ist international

Julia Omelas Cunha

Victoria Roncart

Farbin Halim

KOTA OIKAWA

Sven Gustafsson

Das sind Kinder aus aller Welt. Sie kommen aus Brasilien, Frankreich, Indien, Japan und Schweden. Sie wohnen in Düsseldorf, denn ihre Eltern arbeiten da. In Deutschland leben etwa fünf Millionen Ausländer. In Düsseldorf sind es etwa 100 000.

12. Was meinen Sie?

| Woher | kommt ist | Julia? Sven? | | Er Sie | kommt ist | aus ... |
| | kommen sind | ... ... | | Sie | kommen sind | *Lösung Seite 147* |

13. Und woher kommen Sie?

Ich komme aus Rumänien. Aus Bukarest.

Ich bin aus Kanada.

Ich komme aus Bergen in Norwegen. Und woher kommen Sie?

❭ § 22, 24 § 10

Leute, Leute.

> § 33a), b)
> § 40

Das ist Angelika Wiechert.
Sie kommt aus Dortmund;
jetzt lebt sie in Hamburg.
Sie ist verheiratet und hat zwei Kinder.
Frau Wiechert ist 34 Jahre alt
und Ingenieurin von Beruf.
Aber zur Zeit ist sie Hausfrau.
Die Kinder sind noch klein.
Angelika Wiechert hat zwei Hobbys:
Lesen und Surfen.

Maja und Gottfried Matter wohnen in Brienz.
Sie sind Landwirte und arbeiten zusammen.
Maja ist 42, Gottfried ist 44 Jahre alt.
Sie haben vier Kinder.
Ein Junge studiert Elektrotechnik in Basel,
ein Mädchen lernt Bankkauffrau in Bern.
Zwei Kinder sind noch Schüler.
Auch sie möchten später nicht Landwirte werden.

14. Ergänzen Sie.

Name	Beruf	Wohnort	Familienstand	Kinder	Alter
A. Wiechert					
M. und G. Matter					

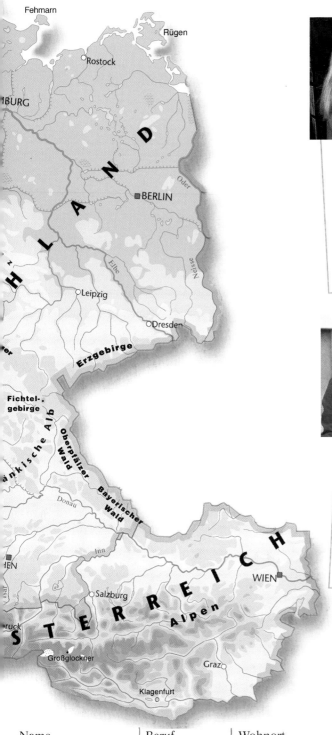

Katja Heinemann ist Ärztin in Leipzig.
Sie ist 36 Jahre alt.
Sie ist ledig und hat ein Kind.
Berufstätig sein und ein Kind erziehen,
das ist nicht leicht.
Katja Heinemann spielt sehr gut Klavier.
Das ist ihr Hobby.

Klaus-Otto Baumer, Automechaniker,
wohnt in Vaduz.
Er hat dort eine Autofirma.
Er ist 53 Jahre alt und verwitwet.
Herr Baumer ist oft in Österreich und in
der Schweiz.
Dort kauft und verkauft er Autos.
Sein Hobby ist Reisen.

Ingenieur	–	Ingenieurin
Landwirt	–	Landwirtin
Mechaniker	–	Mechanikerin
Arzt	–	Ärztin

Name	Beruf	Wohnort	Familienstand	Kinder	Alter
K. Heinemann					
K.-O. Baumer					

15. Schreiben Sie drei Kurztexte.

§ 22
§ 24

Ewald Hoppe	Das ist …
Polen	Er kommt aus …
Rostock	Er wohnt in …
60 Jahre	Er ist …
Elektrotechniker	Er …
verheiratet mit Irena Hoppe	…
Zwei Kinder: 20 und 24	Er hat …; sie sind …

Monika Sager, Manfred Bode	Das sind …
Paul Winterberg	
Berlin, Flemingstraße 25	Sie wohnen …
Monika, 23, Studentin (Medizin)	Monika ist …
ledig	Sie studiert …
Manfred, 27, Lehrer (Englisch), ledig	Manfred …
Paul, 26, Fotograf; geschieden	

Klaus Henkel	Das …
Wien	Er …
40, ledig	…
Programmierer bei Müller & Co.	…
Hobby: Tennis spielen	Sein Hobby …

1/10-12

16. Hören Sie.

Wer spricht? Klaus-Otto Baumer? Manfred Bode? Katja Heinemann? Klaus Henkel?
Ewald Hoppe? Gottfried Matter? Maja Matter? Monika Sager? Angelika Wiechert?

17. Und jetzt Sie: Wer sind Sie?

a) Ergänzen Sie:

Beruf: _____ Familienstand: _____ Alter: _____
Wohnort: _____ Kinder: _____ Hobbys: _____
Land: _____

b) Schreiben Sie und lesen Sie dann laut:
   Ich heiße …   Ich komme aus …   Ich wohne in …

c) Fragen Sie im Kurs und berichten Sie dann:
   Das ist …   Sie kommt aus …

● Guten Tag, ist hier noch frei?
■ Ja, bitte. Sind Sie neu hier?
● Ja, ich arbeite erst drei Tage hier.
■ Ach so. Und was machen Sie?
● Ich bin Ingenieur. Und Sie?
■ Ich bin Programmierer.
   Übrigens: Ich heiße Klaus Henkel.
● Ich bin John Roberts.
■ Kommen Sie aus England?
● Nein, aus Neuseeland.
■ Sie sprechen aber schon gut Deutsch.
● Na ja, es geht.

18. Schreiben und spielen Sie einen Dialog.

● Ist hier frei?

● Sind Sie neu hier?

● | Und was machen Sie?
   | Was sind Sie von Beruf?

● Ich bin … Übrigens, ich heiße …

● Kommen Sie aus …?

● Sie sprechen aber schon gut Deutsch.

■ Ja, bitte.

■ | Ja, ich arbeite erst drei Tage hier.
   | Nein, ich arbeite schon vier Monate hier.

■ Ich bin Programmierer. Und Sie?

■ Und ich heiße …

■ | Ja.
   | Nein, ich komme aus …

■ | Danke!
   | Na ja, es geht.

›
§ 32

John Roberts aus Wellington
Ingenieur, verheiratet, ein Kind
München, Salzburger Straße
spielt Fußball, fotografiert

1/14

- Hallo! Habt ihr Feuer?
- Wartet ihr hier schon lange?
- Woher kommt ihr?

- Ich komme aus Bruck.
- Bei Wien. Ich bin Österreicher.
  Wohin möchtet ihr?

- Nach Stuttgart.

- ■ Nein, leider nicht.
- ■ Es geht.
- ■ Wir kommen aus Rostock.
  Und woher kommst du?
- ▲ Wo liegt das denn?

- ▲ Nach München.
  Und wohin möchtest du?

19. Wo sind die Tramper?   *Lösung Seite 147*

20. Spielen Sie weitere Dialoge.

❯

§ 22
§ 24

21. Hören Sie das Gespräch.

1/15

	A	B	C	
				studiert Medizin
				spielt Klavier
				wohnt in Fulda
				wohnt in Sanitz

a) C besucht seine Mutter.
b) C hat Geburtstag.
c) C wohnt in Nürnberg.

- Hallo!
- Hallo!
- Wer ist das?
- Ich!
- Wer – ich?
- Mein Gott – ich!
- Wer sind Sie denn?
- Meier!
- Wie bitte?
- Ich heiße Meier!
- Ach so!
- Und Sie?
- Wie bitte?
- Und wer sind Sie?
- Meier.
- Ich verstehe nicht!
- Ich heiße auch Meier!
- Ach so.
  Ja dann – guten Tag!
- Guten Tag, Herr Meier!

Wer bin ich?

Wer bin ich?
Wer bin ich denn?
Bin ich ...?
Oder bin ich ...?
Bin ich vielleicht ...?
Ach was –
ICH BIN.

Herr Weiß aus Schwarz

1/18

● Wie heißen Sie?
■ Weiß.
● Vorname?
■ Friedrich.
● Wohnhaft?
■ Wie bitte?
● Wo wohnen Sie?
■ In Schwarz.
● Geboren?
■ Wie bitte?
● Wann sind Sie geboren?
■ Am 5. 5. 55.
● Geburtsort?
■ Wie bitte?
● Wo sind Sie geboren?
■ In Weiß.
● Sind Sie verheiratet?
■ Ja.
● Wie heißt Ihre Frau?
■ Isolde, geborene Schwarz.
● Sie sind also Herr Weiß –
  wohnhaft in Schwarz –
  geboren in Weiß –
  verheiratet mit Isolde Weiß –
  geborene Schwarz?
■ Richtig.
● Und was machen Sie?
■ Wie bitte?
● Was sind Sie von Beruf?
■ Ich bin Elektrotechniker.
  Aber ich arbeite – schwarz.
● Das ist verboten.
■ Ich weiß.

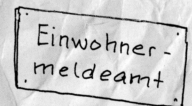

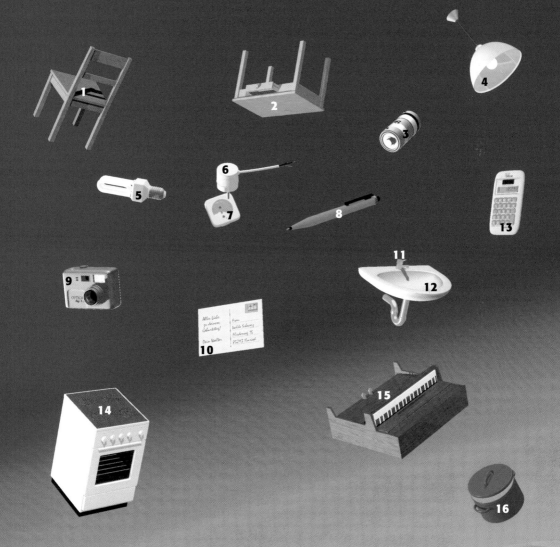

1 Stuhl ◆ 2 Tisch ◆ 3 Batterie ◆ 4 Lampe ◆ 5 Glühbirne ◆ 6 Stecker ◆ 7 Steckdose ◆
8 Kugelschreiber ◆ 9 Kamera ◆ 10 Postkarte ◆ 11 Wasserhahn ◆ 12 Waschbecken ◆
13 Taschenrechner ◆ 14 Elektroherd ◆ 15 Klavier ◆ 16 Topf

der Elektroherd

der Tisch

das Foto

die Taschenlampe

der Kugelschreiber

das Waschbecken

der Taschenrechner

die Lampe

der Stecker

1. Was passt zusammen?

Entscheiden Sie. Sie haben 5 Minuten Zeit.

der Elektroherd	und	*der Topf*
der Tisch	und	
das Foto	und	
die Taschenlampe	und	
der Kugelschreiber	und	
das Waschbecken	und	
der Taschenrechner	und	
die Lampe	und	
der Stecker	und	

Singular	Plural
der Tisch	**die** Tische
die Batterie	**die** Batterien
das Foto	**die** Fotos

❯
§ 1

die Mine

die Glühbirne

der Topf

die Zahlen

der Stuhl

die Steckdose

die Batterien

der Wasserhahn

die Kamera

2. Worträtsel.

Ergänzen Sie die Wörter.

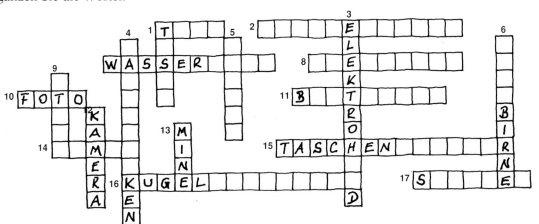

Eine Küche ist eine Küche

Das ist ein Küchenschrank.

Das ist ein Küchenregal.

Das ist eine Spüle.

Das sind Küchenstühle.

Das ist eine Küchenlampe.

BADENIA-KÜCHEN

oder eine Küche von BADENIA

Das ist ein Küchenschrank von BADENIA.

Das ist ein Küchenregal von BADENIA.

Das ist eine Spüle von BADENIA.

Das ist eine Küchen-
lampe
von BADENIA.

Das sind Küchenstühle
von BADENIA.

Eine Küche von

BADENIA-Möbel
Eine Küche für sie!

Singular	Plural
Das ist …	Das sind …
ein Schrank.	– Schränke.
eine Spüle.	– Spülen.
ein Regal.	– Regale.

3. „Der", „ein" oder „er"? „Die", „eine" oder „sie"? „Das", „ein", oder „es"?

§ 1
§ 11

Das ist ein **BADENIA**-Küchen-schrank. Der Schrank hat 3 Regale. Er kostet € 698,–.

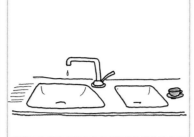

Das ist eine **BADENIA**-Spüle. Die Spüle hat zwei Becken. Sie kostet € 199,–.

Das ist ein **BADENIA**-Kochfeld. Das Kochfeld ist aus Glaskeramik. Es kostet € 489,–.

Das sind **BADENIA**-Küchen-stühle. Die Stühle sind sehr bequem. Sie kosten € 185,–.

Das ist _____ **BADENIA**-Elektroherd. _____ Herd ist sehr modern. _____ kostet € 987,–.

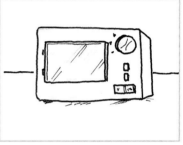

Das ist _____ **BADENIA**-Mikro-welle. _____ Mikrowelle hat 1000 Watt. ___ kostet € 568,–.

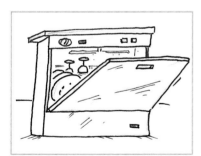

Das ist _____ **BADENIA**-Geschirrspüler. _____ Geschirrspüler hat 5 Programme. _____ kostet € 849,–.

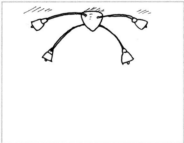

Das ist _____ **BADENIA**-Küchenlampe. _____ Lampe hat vier Glühbirnen. _____ kostet € 157,–.

Das ist _____ **BADENIA**-Küchenregal. _____ Regal ist sehr praktisch. _____ kostet € 108,–.

Das ist	ein	Küchenschrank.	**Der** Schrank	hat ...	**Er** kostet ...
Das ist	eine	Spüle.	**Die** Spüle	hat ...	**Sie** kostet ...
Das ist	ein	Kochfeld.	**Das** Feld	ist ...	**Es** kostet ...
Das sind	–	Küchenstühle.	**Die** Stühle	sind ...	**Sie** kosten ...

Zwei Personen –
Zwei Küchen

Küche 1:
Kurt W., 28 Jahre,
Verkaufsleiter

Uhr

Bilder

Radio

Fernsehapparat

Waschmaschine

Kühlschrank

Telefon (Handy)

Abfalleimer

Küche 2:
Herta G., 73 Jahre,
Rentnerin

SIBIR

4. Was ist in Küche 1?

| Da ist | ein Abfalleimer.
eine Waschmaschine.
ein Telefon.
… | Da sind | vier Stühle.
… |

5. Was ist in Küche 2?

> § 1

| Da ist auch | ein Elektroherd.
eine …
ein … | Aber da ist | kein Geschirrspüler.
keine …
kein … |

| Da sind auch | Stühle.
… | Aber da sind | keine …
… |

Singular:	Da ist	**ein** Stuhl **kein** Stuhl	**eine** Lampe **keine** Lampe	**ein** Bild **kein** Bild
Plural:	Da sind	Stühle **keine** Stühle	Lampen **keine** Lampen	Bilder **keine** Bilder

6. Was kann man hier ersteigern?

›
§ 1, 9

3 Telefone, 4 Elektroherde, ...

7. Zahlen bis 1000

1/19-25

Hören Sie. Wie viel Geld bieten die Leute? Notieren Sie.

a) Elektroherd: *120,– 130,– 140,– 160,– 180,– 185,– 187,–*

b) Tisch:

c) Schrank:

d) Kühlschrank:

e) Radio:

f) Fernsehapparat:

g) Uhr:

100	hundert	**101**	hunderteins	**111**	hundertelf
200	zweihundert	**102**	hundertzwei	**112**	hundertzwölf
300	dreihundert	**103**	hundertdrei	**113**	hundertdreizehn
400	vierhundert	**104**	hundertvier	**114**	hundertvierzehn
500	fünfhundert	**105**	hundertfünf	**115**	hundertfünfzehn
600	sechshundert	**106**	hundertsechs	**116**	hundertsechzehn
700	siebenhundert	**107**	hundertsieben	**117**	hundertsiebzehn
800	achthundert	**108**	hundertacht	**118**	hundertachtzehn
900	neunhundert	**109**	hundertneun	**119**	hundertneunzehn
1000	tausend	**110**	hundertzehn	**120**	hundertzwanzig

Dies & Das
Das Geschäft
mit Witz und Ideen

Was ist das?

Ihr Fernsehapparat funktioniert.

Ihr Telefon funktioniert.

Ihr Radio funktioniert.

Aber …

seien Sie mal ehrlich:

Ist Ihr Fernsehapparat originell?
Ist ihr Telefon witzig?
Ist Ihr Radio lustig?

Nein?
Dann kommen Sie zu

Dies & Das

**Ihr Geschäft mit 1000 Ideen
für Haus und Haushalt**

1. Preis
(Wert € 298,–)

Das ist
kein Helm,
sondern

____ _____

_____

2. Preis
(Wert € 128,–)

Das ist
kein Schuh,
sondern

____ _____

_____

3. Preis
(Wert € 89,–)

Das ist
keine Parkuhr,
sondern

____ _____

_____

Name / Vorname

Straße / Hausnummer

PLZ / Wohnort

Lösung bis 30.09.02 an:

Dies & Das
**Mainzer Straße 12
60599 Frankfurt 1**

(der / ein)	**Ihr** Fernsehapparat	funktioniert.
(die / eine)	**Ihre** Uhr.	
(das / ein)	**Ihr** Telefon.	
(die / –)	**Ihre** Uhren	funktionieren.

1/26-27

● Entschuldige bitte! Was ist das denn?
▨ Das ist mein Bett.
● Was ist das? Dein Bett?
▨ Ja, mein Bett. Es ist sehr bequem.
● Mmh …, es ist sehr lustig.

● Entschuldigen Sie! Was ist das denn?
▨ Das ist mein Auto.
● Was sagen Sie? Ihr Auto?
▨ Ja, mein Auto. Es fährt sehr gut.
● Äh …, es ist sehr originell.

8. Hören Sie die Dialoge.

Ergänzen Sie dann.

1/28-31

›
§ 6a)
§ 11

a)
● Entschuldigen Sie! Was ist das denn?
▨ Das ist _____ Fernsehapparat.
● Was sagen Sie? _____ Fernsehapparat?
▨ Ja, das ist _____ Fernsehapparat.
● Funktioniert _____?
▨ Ja, _____ ist neu.
● Mmh …, _____ ist sehr originell.

b)
● Entschuldigen Sie! Was _____ das denn?
▨ Das _____ _____ Stühle.
● Wie bitte? Das _____ _____ Stühle?
▨ Ja, _____ Stühle. Warum fragen Sie?
● Mmh …, _____ _____ sehr modern.
Sind _____ auch bequem?
▨ Ja.

c)
● Sag mal, was ist das denn?
▨ Das ist _____ Spüle.
● Wie bitte? Das ist _____
_____?
▨ Ja. _____ ist sehr praktisch.
● Äh …, _____ ist sehr lustig.

d)
● _____, was ist das denn?
▨ Das _____ _____ Waschmaschine.
● Wie bitte? Was _____ du?
▨ Das ist _____ _____!
● Und _____ _____ auch?
▨ Ja, kein Problem.
● Äh …, _____ _____ sehr witzig.

9. Spielen Sie ähnliche Dialoge im Kurs.

Das ist	mein / dein / Ihr	Fernsehapparat.	Er	ist originell.
	meine / deine / Ihre	Waschmaschine.	Sie	
	mein / dein / Ihr	Telefon.	Es	
Das sind	meine / deine / Ihre	Stühle.	Sie	sind bequem.

- Meine Kamera ist kaputt.
- Was ist los? Deine Kamera ist kaputt?
- Ja, sie ist kaputt. Sie funktioniert nicht.
- Nein, nein, sie ist nicht kaputt. Die Batterie ist leer.
- Ach so!

10. Ergänzen, hören und sprechen.

a) Ergänzen Sie

- ____ _____ fährt nicht!
- Was sagst du? ____ _____ fährt nicht?
- Ja, ____ ist kaputt. ____ fährt nicht.
- Nein, nein, ____ ist nicht kaputt. Das Benzin ist alle.
- Ach so!

- ____ _____ funktioniert nicht!
- Was sagst du? ____ _____ funktioniert nicht?
- Ja, ____ ist kaputt. ____ _____ nicht.
- Nein, nein, ____ ist nicht kaputt. Der Akku ist leer.
- Ach so!

- ____ _____ schreibt nicht!
- Was sagst du? ____ _____ ist kaputt?
- Ja, ____ ist kaputt. ____ _____ nicht.
- Nein, nein, ____ ist nicht kaputt. Die Mine ist leer.
- Ach so!

- ____ Spülmaschine spült nicht!
- Was sagst du? ____ _____ geht nicht?
- Ja, ____ ist _____. ____ _____ nicht.
- Nein, nein, ____ ____ nicht kaputt. Der Wasserhahn ist zu.
- Ach so!

b) Hören Sie jetzt die Dialoge auf CD oder Kassette. Korrigieren Sie Ihre Fehler!

c) Spielen Sie ähnliche Dialoge im Kurs.

- Die Waschmaschine wäscht/geht/funktioniert nicht. – Der Wasserhahn ist zu.
- Der Taschenrechner funktioniert/geht nicht. – Die Batterien sind leer.
- Das Fernsehgerät funktioniert/geht nicht. – Die Fernbedienung ist kaputt.

Lernspiel

Gruppen mit 3 Personen (Spieler A, Spieler B, Spieler C).

Schreiben Sie 20 Karten mit Wörtern.

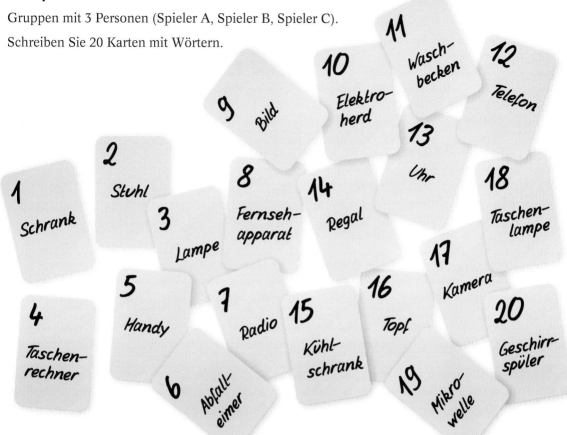

Spieler A bekommt 10 Karten, Spieler B bekommt 10 Karten.

Spieler C fragt Spieler A oder Spieler B:

Antonia, ist Nr. 1 dein Schrank?
oder
Frau Sanchez, ist Nr. 1 Ihr Schrank?

Antwort:

Spieler A (oder B) <u>hat die Karte</u> und sagt:	Spieler A (oder B) <u>hat die Karte nicht</u> und sagt:
Ja, das ist mein Schrank.	*Nein, das ist ihr / sein Schrank.*
<u>Spieler C bekommt einen Punkt.</u>	<u>Spieler C bekommt keinen Punkt.</u>
Spieler B (oder A) sagt:	Spieler B (oder A) sagt:
Stimmt, das ist ihr / sein Schrank.	*Stimmt, das ist mein Schrank.*

> § 6a)

Die Spieler wechseln: Spieler A ist jetzt Spieler B, Spieler B ist C, Spieler C ist A.

Viel Spaß!

Alles ganz modern

● Entschuldigen Sie bitte, was ist denn das?

▣ Das ist ein Fernseh-Kühlschrank.

● Ein was?

▣ Ein Fernseh-Kühlschrank. Sehr modern!

● Aha. Sehr komisch! – Und das, was ist das?

▣ Das ist eine Telefon-Waschmaschine.

● Eine Telefon-Waschmaschine … interessant.

▣ Ja, sehr interessant. Und gar nicht teuer.

● Hm … Und das, was ist das?

▣ Das da, das ist eine Mikrowellen-Radio-Kamera.

● Eine Mikrowellen … Donnerwetter!

▣ Auch sehr modern, und gar nicht teuer.

● Und das alles funktioniert?

▣ Natürlich. Alles funktioniert. Heute.

● Heute …?

▣ Ja, alle Maschinen funktionieren sehr gut. Heute.

● Und morgen …?

▣ Morgen … na ja. Da ist auch ein Hybrid-Elektorsolar-Abfalleimer. Sehr billig und auch sehr modern.

● Gut, dann bitte den Abfalleimer! Für morgen.

ESSEN UND TRINKEN

1 die Kartoffeln ◆ 2 das Obst ◆ 3 der Salat ◆ 4 der Käse ◆ 5 die Wurst ◆ 6 der Reis ◆
7 die Milch ◆ 8 das Gemüse ◆ 9 das Wasser ◆ 10 der Wein ◆ 11 die Butter ◆ 12 das Fleisch ◆
13 der Fisch ◆ 14 das Glas ◆ 15 das Bier ◆ 16 das Brot ◆ 17 die Gabel ◆ 18 der Löffel ◆
19 der Teller ◆ 20 das Messer ◆ 21 das Ei ◆ 22 der Kuchen

Franz Kaiser
Er trinkt / isst …

Clara Mai
Sie trinkt / isst …

Thomas Martens
Er trinkt / isst …

1. Was isst ...?

● Was	isst trinkt	Franz Kaiser? ...

■ Er Sie	isst trinkt	einen Hamburger. ...

> § 2
> § 8, 41

		der	**die**	**das**
Franz Kaiser Clara Mai Thomas Martens	**isst**	**einen** Hamburger einen Salat einen Kuchen einen Fisch	eine Pizza eine Suppe Butter Marmelade Kartoffeln Pommes frites	ein Brötchen ein Ei ein Wurstbrot ein Käsebrot ein Hähnchen ein Kotelett ein Eis Gemüse Ketschup
	trinkt	**einen** Orangensaft einen Wein einen Tee	eine Milch eine Cola	ein Mineralwasser

(die Flasche)	eine Flasche zwei Flaschen	Mineralwasser Milch / Cola
(das Glas)	ein Glas drei Gläser	Wein / Bier Saft
(die Dose)	eine Dose vier Dosen	Cola / Bier / Saft Mineralwasser
(die Tasse)	eine Tasse zwei Tassen	Tee / Milch Kaffee

Nominativ		**Akkusativ**	
Das ist	ein Hamburger. eine Pizza. ein Eis.	Er isst	einen Hamburger. eine Pizza. ein Eis.

2. Erzählen Sie.

a) Morgens isst Franz Kaiser ein Brötchen mit Butter und Marmelade. Er trinkt ein Glas Milch.
   Mittags isst er einen Hamburger und trinkt eine Dose Cola.
   Nachmittags isst Franz Pommes frites mit Ketschup und ein Eis.
   Abends isst er eine Pizza und trinkt eine Cola.

> § 33b)

b) Morgens isst Clara Mai ...   Sie trinkt ...
   Mittags isst sie ...   Sie trinkt ...   Nachmittags ...   Abends ...

c) Morgens isst Thomas Martens ...
   Mittags ...   Nachmittags ...   Abends ...

3. Wer mag keinen Fisch?

a) Was glauben Sie? Wer isst / trinkt keinen/keine/kein …?

Franz	Clara	Thomas	isst			Franz	Clara	Thomas	trinkt	
			keinen	Salat.					kein	Mineralwasser.
			keinen	Fisch.					keinen	Kaffee.
			keine	Wurst.					kein	Bier.
			keinen	Reis.					keinen	Wein.
			keine	Pommes frites.					keine	Cola.
			keinen	Kuchen.						
			kein	Eis.						
			keinen	Käse.						

  1/38-40   b) Hören Sie die Interviews auf CD oder Kassette. Markieren Sie die Antworten.

4. Üben Sie.

> § 24

a) ●   Essen Sie gerne Fleisch?
    ■   Ich mag kein Fleisch.
       Ich esse lieber Fisch.

> § 8

b) ●   Trinken Sie gerne Kaffee?   ■   Ich mag keinen Kaffee.
                              Ich trinke lieber Tee.

5. Und was essen Sie?

> § 33b), c)
> § 48

Morgens / Mittags	esse	ich	meistens / (sehr) oft	einen/eine/ein	…
Nachmittags / Abends	trinke		manchmal / (sehr) gerne	–	

Ich mag	keinen/keine/kein	… , aber …	esse	ich gerne.
	keine		trinke	

★★★ Gasthof Niehoff ★★★

KALTE GERICHTE		HAUPTGERICHTE		DESSERT UND KUCHEN	
Fischplatte mit Toastbrot und Butter	7,45	Schweinebraten mit Kartoffeln und Rotkohl	8,90	Eis mit Sahne	2,20
				Eis mit Früchten und Sahne	2,80
Käseteller mit Weißbrot	4,45	Rindersteak mit Pommes frites und Bohnen	12,40	Apfelkuchen	1,70
				Obstkuchen	1,80
Schinkenplatte mit Schwarzbrot, Butter, Gurken	5,75	Bratwurst mit Brot	4,50	**GETRÄNKE**	
SUPPEN		Bratwurst mit Pommes frites oder Kartoffelsalat	5,40	Cola (Flasche, 0,2 l)	1,50
				Limonade (Flasche, 0,2 l)	1,50
Gemüsesuppe	2,50	Kotelett mit Bratkartoffeln und Salatteller	7,50	Apfelsaft (Glas, 0,2 l)	1,80
Rindfleischsuppe	2,20			Bier (Glas, 0,3 l)	1,85
Zwiebelsuppe	3,00	1/2 Brathähnchen mit Reis und Gemüse	6,40	Rotwein (Glas, 0,25 l)	3,00
				Weißwein (Glas, 0,25 l)	3,00
		Bratfisch mit Kartoffeln und Salat	7,70	Kaffee (Tasse)	1,30
				Tee (Glas)	1,30

6. Ich nehme …

a) Hören Sie das Gespräch und lesen Sie.

*Ich nehme eine Zwiebelsuppe und
dann einen Schweinebraten
mit Kartoffeln und Rotkohl.
Ich trinke ein Glas Wein.
Als Nachtisch esse ich einen
Obstkuchen mit Sahne
und danach trinke ich noch
einen Kaffee.*

Ich nehme einen Käseteller mit Weißbrot …

b) Sie sind im Gasthof Niehoff und lesen
die Speisekarte.
Was möchten Sie essen / trinken?
Erzählen Sie.

Ich nehme ein … mit …
Ich trinke …
Als Nachtisch esse ich …

● Wir möchten gern bestellen.
■ Bitte, was bekommen Sie?
● Ich nehme eine Gemüsesuppe und einen Schweinebraten.
■ Und was möchten Sie trinken?
● Ein Glas Weißwein, bitte.
■ Und Sie? Was bekommen Sie?
▲ Ein Rindersteak, bitte. Aber keine Pommes frites, ich möchte lieber Bratkartoffeln. Geht das?
■ Ja, natürlich! Und was möchten Sie trinken?
▲ Einen Apfelsaft, bitte.

7. Hören Sie die Gespräche.

a) Was möchten die Leute essen? Was möchten sie trinken?

Hörtext 1	*Hörtext 2*	*Hörtext 3*
der Mann:	die Frau:	der Mann:
die Frau:	der Mann:	das Kind:
das Kind:		

b) Erzählen Sie.

Der Mann	nimmt	einen …
Die Frau	isst	eine …
Das Kind	trinkt	ein …

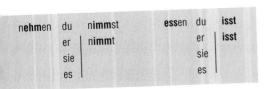

nehmen	du	nimmst	essen	du	isst
	er	nimmt		er	isst
	sie			sie	
	es			es	

8. Üben Sie.

§ 23

● Bitte, was | bekommen / möchten | Sie? ■ Ich | möchte / nehme / esse | einen / eine / ein | …

● Und was möchten Sie trinken? ■ Einen / Eine / Ein | …

9. Spielen Sie ähnliche Dialoge im Kurs.

● Wir möchten bitte bezahlen.
■ Zusammen oder getrennt?
   ● Getrennt bitte.
   ■ Und was bezahlen Sie?
   ● Den Schweinebraten und den Wein.
   ■ Das macht 11 Euro 90.
   ● 13, bitte.
   ■ Vielen Dank!
▲ Und ich bezahle das Rindersteak
  und den Apfelsaft.
■ Das macht 14 Euro 20.
▲ 15 Euro. Stimmt so.
■ Danke schön!

1/46

Akkusativ		
der	→ **den**	Wein
die	→ **die**	Cola
das	→ **das**	Bier

10. Dialogarbeit.

a) Schreiben Sie zwei Dialoge wie oben.

  A. Frau: Kotelett, Bier   B. Frau: Apfelkuchen, Kaffee
      Mann: Bratwurst, Cola   Mann: Fischplatte, Weißwein

b) Hören Sie jetzt die Dialoge
  und vergleichen Sie.

1/47-48

›
§ 2

11. Üben Sie.

● Was bezahlen Sie?

■ Ich bezahle | den | …
         | die |
         | das |

12. Spielen Sie ähnliche Dlaoge im Kurs.

13. Hören Sie die Gespräche. Ergänzen Sie die Preise.

1/49-51

Gespräch 1

  Gasthof Niehoff
1 Schinkenplatte _____
2 Hähnchen _____
2 Gemüsesuppen _____
5 Bier _____
3 Kaffee _____
2 Eis m. Sahne _____
_____

Gespräch 2

  Gasthof Niehoff
3 Bratfische _____
2 Rindersteaks _____
3 Obstkuchen _____
4 Cola _____
2 Kaffee _____
2 Apfelkuchen _____
_____

Gespräch 3

  Gasthof Niehoff
2 Zwiebelsuppen _____
1 Bratwurst _____
1 Schweinebraten _____
4 Rotwein _____
2 Tee _____
2 Obstkuchen _____
_____

14. Schmeckt der Fisch?

a) ● Schmeckt │ der Fisch?
│ ...

■ Danke, │ er │ ist │ fantastisch.
Ja, │ ... │ schmeckt │ sehr gut.
│ │ │ gut.

>
§ 26
§ 30

b) ● Nehmen Sie │ doch noch etwas Fisch!
Nimm │ ...

■ Danke, gern.

Nein danke, │ ich habe genug.
Danke, │ ich bin satt.
│ ich möchte nicht mehr.

15. Kommst du zum Abendessen?

1/52

Lesen Sie zuerst die Fragen und hören Sie dann das Gespräch.

*Hallo Inge,
kommst du
zum Abendessen
(Samstag,
20.00 Uhr)?
Ich koche selbst!*

Dein Markus!

a) Was trinkt Inge?
b) Was trinkt Markus?
c) Was essen sie als Vorspeise?
d) Was essen sie als Hauptgericht?
e) Was ist die Nachspeise?

16. Üben Sie.

● Schmeckt der Wein nicht?

■ Nein, er ist sauer.

Der Wein ist	sauer. süß. warm.	Das Brot ist	alt. trocken. hart.	Das Fleisch ist	zu fett. kalt. trocken.
Das Bier ist	zu bitter. warm.	Die Suppe ist	salzig. zu scharf.	Die Soße ist	salzig. zu scharf.
Die Limo ist	warm. zu süß.	Der Salat ist	zu salzig. nicht frisch.		

Harms Lebensmittelfachmarkt

Bier Jever Pils **7,98** 24 Flaschen à 0,33 Ltr.	**Brötchen** 5 Stück **0,50**	**Butter** 250 g **1,12**	**Mehl** 1-kg-Packung **0,73**
Emsland Mineralwasser 12 Flaschen à 0,7 Ltr. **2,48**	**Vollkornbrot** 500 g **0,79**	**Kartoffeln** 5 kg **3,90**	**Wurst** Salami 100 g **1,49** Schinken 100 g **1,79** Aufschnitt 100 g **0,85**
Coca Cola, Fanta, Sprite 1-Ltr-Flasche **0,59**	**Käse aus Holland** Edamer 100 g **0,59** Gouda 100 g **0,79**	**Salatgurke** Stück **0,89**	
Orangensaft, Apfelsaft 1-Ltr.-Flasche **0,68**	**Joghurt mit Früchten** 200 g **0,49**	**Paprika** 500 g **1,99**	**Kotelett** 1 kg **4,88**
Badischer Weißwein QbA 1-Ltr.-Flasche **2,98**	**Eier** 10 Stück **1,21**	**Tomaten** 500 g **1,22**	**Rindersteak** 1 kg **10,25**
Deutscher Sekt 0,7-Ltr.-Flasche **3,99**	**Milch** 1 Ltr. **0,78**	**Salat-Öl** 0,5-Ltr.-Flasche **1,96**	**Eis** (Nuss, Schokolade) 500 g **0,99**
IDEAL Kaffee 500-g-Packung **4,85**	**Marmelade** Erdbeer, Kirschen, Himbeer, Brombeer	**Zucker** 1000-g-Packung **0,99**	**Äpfel** 1 kg **1,11**
BUNTING Tee 250-g-Packung **2,23**	450-g-Glas **1,19**	**Gewürze** Paprika 100 g **1,13** Pfeffer 100 g **1,13**	**SCHWAN Vollwaschmittel** 3 kg **3,98** **SUN Spülmittel** 0,75-Ltr.-Flasche **1,69**

... hier kaufe ich gern – ganz nah, ganz billig

17. Lesen Sie die Anzeige.

Hören Sie dann den Text. Notieren Sie die Sonderangebote.

1/53

18. Üben Sie.

§ 8

● Was | kostet | eine Flasche | Apfelsaft? | ■ Achtundsechzig Cent.
| kosten | eine Kiste | … | Zwei Euro achtundvierzig.
| | eine Packung | | …
	ein Pfund
	ein Kilo
	… Gramm
	ein Liter

19. Schreiben Sie einen Einkaufszettel.

Erzählen Sie dann. Was brauchen Sie?
Was kaufen Sie?

a) Sie möchten ein Frühstück für fünf Personen machen.
b) Sie möchten ein Mittagessen für vier Personen kochen.
c) Sie möchten abends mit Freunden Ihren Geburtstag feiern.
d) Sie möchten Geschirr spülen und Wäsche waschen.
e) Sie möchten einen Kuchen backen.
f) Sie möchten einen Salat machen.

Ich kaufe 500 Gramm Butter, zehn Brötchen, ein Glas Marmelade …

Bierlexikon

Was glauben Sie, was trinken die Deutschen gern? – Am liebsten Kaffee! Im Durchschnitt trinkt jeder Deutsche 190 Liter Kaffee pro Jahr. Sehr beliebt sind auch Erfrischungsgetränke (Limonaden) und Mineralwasser (ca. 160 Liter). Und dann natürlich das Bier: 150 Liter trinken die Deutschen im Durchschnitt pro Person und Jahr.

In Deutschland gibt es viele Biersorten, und sie schmecken alle verschieden. Die meisten Biertrinker haben ihre Lieblingssorte und ihre Lieblingsmarke. Kennen Sie die wichtigen Biersorten und ihre Unterschiede? Nein? Dann lesen Sie unser Bierlexikon.

Altbier
ist dunkel und schmeckt etwas bitter. Man trinkt es vor allem in Düsseldorf.

Berliner Weiße
mischt man oft mit Himbeer- oder Waldmeistersaft. Sie ist dann rot oder grün. Berliner Weiße ist ein Leichtbier und schmeckt süß.

Das **Bockbier**
ist ein Starkbier mit 5,6% Alkohol. Normal sind 4,7%. Viele Bockbierarten schmecken leicht süß.

Export
ist hell und schmeckt sehr mild. Diese Biersorte gibt es in ganz Deutschland.

Kölsch
kommt aus dem Köln-Bonner Raum, und man trinkt es auch nur dort. Es ist hell und leicht (nur 3,7% Alkohol). Kölsch-Gläser erkennt man sofort. Sie sind hoch und schlank.

Münchener
ist vor allem in Bayern beliebt. Es schmeckt ähnlich wie Export, aber es ist nicht so herb und nicht so stark. In Bayern trinkt man das Münchener aus 1-Liter-, aber auch aus ½-Liter-Gläsern.

Pils
ist eine Biersorte aus der Tschechischen Republik, aber die Deutschen mögen sie besonders gern. Man bekommt es überall. Typische Pilsgläser haben einen Bauch und sind oben eng.

Weizenbier, auch Weißbier,
kommt vorwiegend aus Bayern, doch es hat auch in Nord-, West- und Ostdeutschland viele Freunde. Weizenbiergläser sind sehr groß. Sie sind unten eng und haben oben einen Bauch.

20. Bier-Lexikon (Seite 42): Welche Bilder passen zu welchen Biersorten?

Bild A: ____   Bild C: ____   Bild E: ____   Bild G: ____

Bild B: ____   Bild D: ____   Bild F: ____   Bild H: ____

21. Beschreiben Sie die drei Fotos.

Wo ist das? Wer sind die Personen?

22. Hören Sie jetzt die Gespräche auf CD oder Kassette.

1/54-56

a) Welches Gespräch und welches Foto passt zusammen?

Gespräch 1: Foto ▨

Gespräch 2: Foto ▨

Gespräch 3: Foto ▨

b) Hören Sie die Gespräche noch einmal.

Was verstehen Sie? Welche Wörter? Welche Sätze?

Notieren Sie.

Gespräch 1:

Essen, fantastisch   noch Fleisch _____

_____

Gespräch 2:

_____

_____

Gespräch 3:

_____

_____

c) Spielen Sie jetzt die Situationen.

Ein schwieriger Gast

● Haben Sie Käse?

▨ Ja.

● Dann bitte ein Glas Käse.

▨ Ein Glas Käse?

● Ja.

▨ Sie meinen: ein Stück Käse?

● Nein, ich meine ein Glas Käse.

▨ Entschuldigung, ein Glas Käse haben wir nicht.

● Was haben Sie denn?

▨ Kartoffelsalat, Würstchen, Kotelett, Schinken …

● Gut, dann bitte ein Stück Kartoffelsalat.

▨ Ein Stück Kartoffelsalat?

● Ja.

▨ Sie meinen: einen Teller Kartoffelsalat?

● Nein, ich meine ein Stück Kartoffelsalat.

▨ Tut mir Leid, ein Stück Kartoffelsalat haben wir nicht.

● Dann nicht. – Haben Sie was zu trinken?

▨ Bier, Limonade, Wein, Sekt …

● Gut. Dann bitte einen Teller Bier.

▨ Einen Teller Bier?

● Ja.

▨ Sie meinen: ein Glas Bier?

● Nein, ich meine einen Teller Bier.

▨ Verzeihung, einen Teller Bier haben wir nicht.

● Was haben Sie denn überhaupt?

▨ Nun, wir haben zum Beispiel Käse, Omelett …

● Gut, dann bitte ein Glas Käse …

▨ …

Faulenzen

Schwimmen

Musik hören

Musik machen

Lesen

Surfen

Volleyball spielen

Tanzen

Tennis spielen

schlafen

Fotografieren

Wein trinken

FREIZEIT

1. Wo ist was?

Deck **3**, **5**: ein Schwimmbad,
eine Bar

Deck **6**: ein Café,
eine Bibliothek, ein Friseur,
ein Geschäft

Deck **7**: eine Bank

Deck **8**: eine Küche

Deck **10**: ein Krankenhaus,
ein Kino

Deck **11**: die Maschine

2. Wo kann man ...?

Auf Deck ... kann man | einen Film sehen.
Musik hören.
Tischtennis spielen.
Geld tauschen.
ein Bier trinken.
einen Spaziergang machen.
schwimmen.
essen.
tanzen.

3. Was machen die Passagiere?

Auf Deck ... | liest jemand ein Buch.
macht jemand ein Foto.
nehmen Leute ein Sonnenbad.
schläft jemand.
flirtet jemand.
frühstückt jemand.
steht jemand auf.
sieht jemand fern.

4. Wo arbeitet jemand?

Auf Deck ... | bedient ein Kellner einen Gast.
schneidet ein Koch Fleisch.
spielt ein Pianist Klavier.
kontrolliert ein Mechaniker die Maschine.
backt ein Bäcker eine Torte.
massiert ein Masseur jemanden.
frisiert eine Friseurin jemanden.

5. Was kann man hier machen? Was muss man? Was darf man nicht?

§ 25
§ 35, 36

Hier kann man Bücher lesen.
Hier muss man leise sprechen.
Hier darf man nicht rauchen.

Hier kann man …

Hier kann man …
Hier muss man …

Hier kann man …
Hier darf man …

Hier kann man …

Hier kann man heute nicht …
Hier kann man heute kein …

Hier kann man …
Hier darf man nicht …

Hier darf man nicht …
Hier möchte jemand …

Hier muss man …

eintreten	Geld ausgeben	keine Getränke mitbringen
Musik hören	duschen	schlafen stören
fernsehen warten	einkaufen	einen Film sehen
tanzen ein Bier trinken	schwimmen	rauchen

Hier darf man nicht …

6. Zeichnen Sie Schilder: Was darf man hier nicht?
Was muss man / was kann man hier machen?

7. Erkennen Sie die Situation? Hören Sie gut zu!

Jemand schwimmt.   Nr. ▉

Jemand möchte schlafen.   Nr. ▉

Jemand macht ein Foto.   Nr. ▉

Jemand steht auf.   Nr. ▉

Jemand macht eine Flasche Wein auf.   Nr. ▉

Jemand sieht fern.   Nr. ▉

Jemand kauft ein.   Nr. ▉

1/58

>

§ 14

8. Dialog

a) Ordnen Sie die Sätze und spielen Sie den Dialog.

b) Hören Sie die CD oder Kassette und vergleichen Sie.

1/59

Na gut, dann höre ich eben auf.

Warum nicht?

Hier dürfen Sie aber nicht rauchen!

Ich rauche eine Zigarette.

Das ist verboten.

Was machen Sie denn da?

9. Hören Sie die Dialoge a) und b) auf CD oder Kassette und ergänzen Sie.

1/60-61

a) ● Was machst du da?

■ Ich _____ .

● Das geht aber nicht!

■ Warum _____ ?

● Du musst jetzt schlafen.

■ Wer _____ ?

● Ich!

b) ● Hallo, ihr, was _____ ?

■ Wir _____ .

● Hier dürft ihr _____ .

■ Warum _____ ?

● Das ist _____ .

■ Na gut, dann _____ .

10. Hören Sie die Dialoge c) und d). Spielen Sie die Situationen nach.

1/62-63

11. Spielen Sie weitere Dialoge.

Was	machen Sie machst du macht ihr	(denn) da?

Das geht aber nicht!

Hier	dürfen Sie …	aber nicht …

Das ist (hier) verboten.

Sie sehen …	doch das Schild da!

Musik machen   Klavier spielen

Eis essen   …

Warum (denn) nicht?

Wer sagt das?

Na gut, Ach so,	dann	höre ich hören wir … ich / wir eben nicht.	eben auf.

Freizeit ... und Arbeit

 sechs Uhr   **acht Uhr**   **halb zehn**   **elf Uhr**

Ilona Zöllner, Bankkauffrau			

 schläft steht auf frühstückt kauft ein

Dr. Klaus Schwarz, Lehrer			

  träumt macht einen Spaziergang liest Zeitung schwimmt

Willi Rose, Kellner			

    steht auf bereitet das Frühstück vor bedient Ilona räumt auf

Monika Hilger, Kranken-schwester			

    steht auf macht Betten misst Fieber bringt Essen

§ 19
§ 27, 36

12. Wann steht Willi Rose auf?

Um ... Uhr.
Wann steht ... auf? – Um ...

§ 23

13. Was macht Willi Rose um ... Uhr?

Er bedient Ilona Zöllner.
Was macht ... um ...?

14. Beschreiben Sie:

a) Willi Rose ist Kellner.
    Er steht um sechs Uhr auf.
    Um acht Uhr bereitet er das Frühstück vor.
    Um halb zehn bedient er Ilona Zöllner.
    Um elf räumt er auf.
    Um ...

ein Uhr   **drei Uhr**   **halb sieben**   **zehn Uhr**

isst zu Mittag   nimmt ein   zieht ein Kleid an   tanzt
                     Sonnenbad

bestellt das   macht Fotos   isst zu Abend   sieht fern
Mittagessen

schreibt eine   trinkt einen Kaffee   holt Essen   trifft Freunde
Bestellung auf

macht Pause   macht einen Verband   sieht einen Film   möchte schlafen

b) Monika Hilger ist Krankenschwester.
    Sie steht um sechs Uhr auf.
    Um … Uhr macht sie Betten.
    Um …

c) Um sechs Uhr schläft Ilona Zöllner noch.
    Da steht der Kellner auf.
    Um acht Uhr steht Ilona auf.
    Da macht die Krankenschwester Betten.

›
§ 41

15. Was meinen Sie?

| Was kann | Willi Rose
Anne Hilger
Ilona Zöllner
Klaus Schwarz | zwischen drei Uhr
und halb sieben
machen? | Er
Sie | kann | einen Spaziergang machen.
schlafen.
fernsehen.
… |

MS Astor — Mittwoch, der **10. Juli**

VERANSTALTUNGSKALENDER

Was ist heute los?

7.45 Uhr	Morgengymnastik mit Carla
10.00 Uhr	Vortrag: „Der Mensch und das Meer"
11.00 Uhr	Fotokurs
14.15 Uhr	Volleyball (Mannschaft gegen Passagiere)
15.45 Uhr	Tanz-Café
16.15 Uhr	Tennisspiel Astor-Cup Finale
17.00 Uhr und	
19.30 Uhr :	Film „12 Uhr mittags" (mit Gary Cooper und Grace Kelly)
20.00 Uhr	Captain's Dinner
	Das große Gala-Dinner – Der Kapitän lädt ein
21.15 Uhr	Piano-Konzert: Ragtime, Boogie & Blues
	(Klavier: Willy „the Hammer" Schulte)
21.30 Uhr	Tanz mit „Theos Tanzorchester"
ab **23.00** Uhr	Diskothek mit Charly
Bar:	bis 1.00 Uhr geöffnet
Boutique „Elvira":	von 9.00 Uhr bis 17.00 Uhr geöffnet
Bibliothek:	heute geschlossen

Achtung! Nicht vergessen: Morgen um 10.00 Uhr
findet der Landausflug nach Kreta statt!

16. Wann ...? Wie lange ...?

§ 19

Wann	fängt ... an?			– Um 7 Uhr 45.
	findet ... statt?	die Gymnastik		– Um 11 Uhr.
		der Fotokurs		– Um 16 Uhr 15.
		das Tennisspiel	...	– Um ...

| Wie lange ist | die Bar | geöffnet? | – Bis ... |
| | die Boutique | | |

17. Was kann man um ... Uhr machen?

Was kann man um 7 Uhr 45 machen? – Um 7 Uhr 45 kann man ...

18. Wie spät ist es?

Lesen Sie erst die Uhrzeit. Hören Sie dann die Kassette.
Es ist …

 zehn vor sieben
Situation Nr.:

 Viertel vor zehn
Situation Nr.:

 drei Uhr
Situation Nr.:

 zwanzig nach fünf
Situation Nr.:

 Viertel nach sieben
Situation Nr.:

 zwölf Uhr (Mitternacht)
Situation Nr.:

 ein Uhr
Situation Nr.:

fünf nach halb drei
Situation Nr.:

19. Spielen Sie die Dialoge.

● Sag mal, hast du heute Abend schon was vor?

▨ Ja, ich möchte das Konzert hören.
● Darf ich mitkommen?
▨ Ja, gern.
● Wann fängt das denn an?
▨ Um Viertel nach neun.
● Schön. Dann treffen wir uns um neun.
  In Ordnung?
▨ Gut. Bis dann!

▨ Nein, ich weiß noch nicht …
● Ich möchte gern tanzen gehen.
  Kommst du mit?
▨ Tut mir Leid, aber ich habe keine Lust.
● Schade.
▨ Vielleicht das nächste Mal.
● Na gut – also dann tschüs.
▨ Tschüs.

❯
§ 47
§ 24

20. Partnerübung: Hören Sie zwei weitere Dialoge auf CD oder Kassette.

Spielen Sie die Situationen nach. Schreiben Sie dann selbst einen Dialog und spielen Sie ihn.

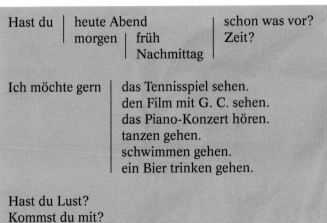

Hast du	heute Abend	schon was vor?
	morgen | früh	Zeit?
	Nachmittag	

Ich möchte gern	das Tennisspiel sehen.
	den Film mit G. C. sehen.
	das Piano-Konzert hören.
	tanzen gehen.
	schwimmen gehen.
	ein Bier trinken gehen.

Hast du Lust?
Kommst du mit?

| Wann | fängt das denn an? |
| | treffen wir uns? |

Tut mir Leid.
| Ich habe | keine Zeit. |
| | keine Lust. |

| Vielleicht | das nächste Mal. |
| | morgen. |

Ja, gern.
In Ordnung.

9 | 9 | 9 | 9 | 9 | 9 | 9
10 | 10 | 10 | 10 | 10 | 10 | 10
11 | 11 | 11 | 11 | 11 | 11 | 11
12 | 12 | 12 | 12 | 12 | 12 | 12
13 | 13 | 13 | 13 | 13 | 13 | 13
14 | 14 | 14 | 14 | 14 | 14 | 14
15 | 15 | 15 | 15 | 15 | 15 — Köln | 15
16 | 16 | 16 | 16 | 16 | 16 | 16
17 einkaufen | 17 Deutschkurs | 17 | 17 mit Susanne Deutsch lernen | 17 Wohnung aufräumen | 17 | 17
20 arbeiten | 20 mit Ruth ins Kino | 22 Film „Mephisto" im Fernsehen | 20 Konzert | 20 tanzen | 20 | 20

13 Montag | **14** Dienstag | **15** Mittwoch | **16** Donnerstag | **17** Freitag | **18** Samstag | **19** Sonntag Pfingstsonntag

Mai   20. Woche

21. Sibylles Terminkalender.

Montagnachmittag muss Sibylle einkaufen gehen. Montagabend muss sie arbeiten.
Dienstagnachmittag muss sie ...   Dienstagabend möchte sie ...
Mittwoch ...

22. Üben Sie.

Ein Freund möchte mit Sibylle schwimmen gehen.

Er fragt: „Kannst du Montagnachmittag?"   Sie antwortet: „Tut mir leid; da kann ich nicht.
Da muss ich einkaufen gehen. "

„Kannst du Montagabend?"   „Leider nicht; da muss ich ..."
„Kannst du ...?"   „Tut mir leid; da ..."
...   ...

23. Manfred hat nie Zeit

1/66

Juli	
Mo 25	Kino 20.30 (Beate)
Di 26	17.30 Hans Tischtennis
Mi 27	Claudia ! ! !
Do 28	Claudia und Hans Schwimmen
Fr 29	frei !
Sa 30	Rockkonzert
So 31	Beate!

a) Hören Sie den Dialog.
b) Hören Sie den Dialog noch einmal und sehen Sie Manfreds Terminkalender an.

	Was *sagt* Manfred?	Was *macht* Manfred?
Montag	Ich gehe ins Kino.	Er geht ins Kino.
Dienstag	...	...
Mittwoch		
Donnerstag		
Freitag		
Samstag		

24. Lesen Sie die Ansichtskarte.

25. Schreiben Sie eine Ansichtskarte.

..., 10. 7. 2002

Liebe(r) ...,

die Zeit hier ... ist ...
Ich stehe ...
Dann ... Hier kann man ...
Nachmittags ... Abends ...
Morgen ...

Herzliche Grüße
Dein(e) ...

Madrid
"La Gran Vía"

Benidorm, 10. 7. 02

Liebe Ulla,

die Zeit hier in Spanien ist herrlich!
Ich stehe immer gegen neun Uhr auf und
frühstücke in Ruhe. Dann gehe ich schwimmen, Tennis spielen oder einkaufen. Hier
kann man viel Geld ausgeben! Die Restau-
rants sind auch sehr gut. Nachmittags gehe
ich meistens surfen. Dann treffe ich fast
immer Jörg (ein Student aus Hamburg; sehr
nett, und er surft sehr gut ...). Abends gehen
wir meistens zusammen tanzen. Jetzt muss
ich aber aufhören. Morgen mache ich mit Jörg
einen Ausflug nach Granada.

Herzliche Grüße
Deine Kerstin

Foto: Xavier Durá.

L. DOMINGUEZ, S.A.- Tel. 91 447 82 75 - MADRID

Ulla Hagen

Bachstraße 7a

D-85298 Scheyern

26. Und Sie? Was machen Sie gern in Ihrer Freizeit?

a) Partnerübung.

Lesen Sie gern?

b) Erzählen Sie im Kurs:

Frau Sprenger liest gern,
aber sie sieht nicht so gern fern.

> § 39

	gern	nicht so gern	nie		gern	nicht so gern	nie
lesen				fotografieren			
fernsehen				tanzen			
spazieren gehen				Freunde treffen			
Rad fahren				Filme sehen			
Ski fahren				Musik hören			
schwimmen				feiern			
Tennis spielen							

Feierabend

- Und was machen wir heute Abend?
- Hm. – Hast du eine Idee?
- Ich schlage vor, wir gehen mal ins Kino.
- Kino. – Ich weiß nicht.
- Oder hast du keine Lust?
- Ich schlage vor, wir gehen mal ins Theater.
- Theater. – Ich weiß nicht.
- Oder hast du keine Lust?
- Ich schlage vor, wir gehen mal ins Kabarett.
- Kabarett. – Ich weiß nicht.
- Oder hast du keine Lust?
- Ich schlage vor, wir gehen mal ins Konzert.
- Konzert. – Ich weiß nicht.
- Oder hast du keine Lust?
- Offen gesagt – nicht so sehr.
- Ja dann.
- Ach, weißt du was: Wir bleiben heute mal zu Hause.
- Wie immer!
- Und sehen fern.
  Das kostet wenigstens nichts.

Wir Macher

ich mache Sport
du machst Yoga
er macht Politik
sie macht Theater
wir alle machen Fehler
ihr alle macht Dummheiten
sie alle machen Quatsch

WOHNEN

1 das Arbeitszimmer ◆ 2 das Schlafzimmer ◆ 3 das Kinderzimmer ◆ 4 der Balkon

5 die Küche ◆ 6 das Bad ◆ 7 das Treppenhaus ◆ 8 das Wohnzimmer ◆ 9 der Flur

10 die Terrasse ◆ 11 der Hobbyraum ◆ 12 der Keller

Das ist Michael Wächter (22) Er ist Bank-kaufmann von Beruf. Jetzt wohnt er noch bei seinen Eltern. Aber in zwei Wochen zieht er um. Dann hat er selbst eine Wohnung. Die Wohnung hat ein Wohnzimmer, ein Schlaf-zimmer, ein Bad, eine Küche und einen Flur. Das Schlafzimmer und die Küche sind ziem-lich klein. Das Bad ist alt und hat kein Fens-ter. Aber das Wohnzimmer ist sehr schön und hell. Es hat sogar einen Balkon. Michael Wächter ist zufrieden.

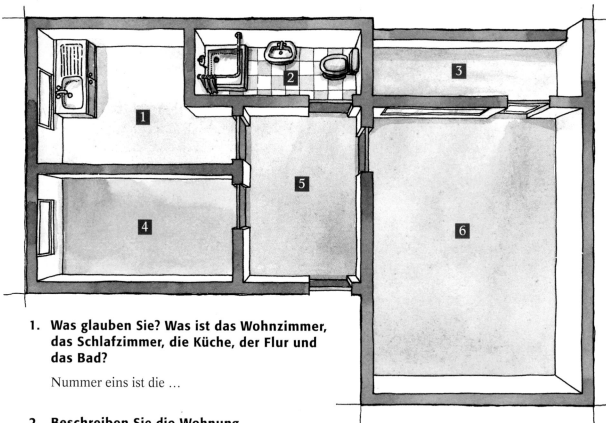

1. Was glauben Sie? Was ist das Wohnzimmer, das Schlafzimmer, die Küche, der Flur und das Bad?

Nummer eins ist die …

2. Beschreiben Sie die Wohnung.

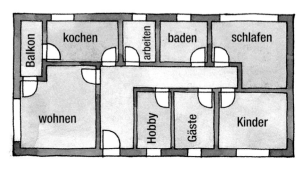

Die Wohnung hat	einen	Hobbyraum.
		…
	eine	…
	ein	Gästezimmer.
		Arbeitszimmer.
		…

der Kleiderschrank   die Kommode   die Couch   der Sessel

die Garderobe   der Spiegel   der Esstisch   der Vorhang   das Bücherregal   der Teppich

der Schreibtisch

3. **Was ist für das Wohnzimmer, das Schlafzimmer,**
   die Küche, den Flur?   Was meinen Sie?

Der	...	ist	für	den Flur.
Die		sind		die Küche.
Das				das ...zimmer.

für + Akkusativ

4. **Hören Sie den Dialog.**

Was braucht Michael Wächter noch? Was hat er schon?

1/69

§ 13

a) Er braucht noch | einen | Elektroherd. | Er hat noch | keinen.
                   | eine | ... | | keine.
                   | ein | | | keins.

   Er braucht noch | Stühle. | Er hat noch | keine.
                   | ... |

b) Er braucht | keinen | ... | Er hat schon | einen.
              | keine | | | eine.
              | kein | | | eins.

   Er braucht | keine | Regale. | Er hat schon | welche.
              | | ... |

5. Hören Sie und lesen Sie.

1/70

- ● Schau mal, hier sind Esstische.
  Wie findest du den hier?
- ■ Meinst du den da?
- ● Ja.
- ■ Den finde ich nicht schön.
  Der ist zu groß.
- ● Und die Kommode hier?
  Wie findest du die?
- ■ Die sieht gut aus.
  Was kostet die denn?
- ● 195 Euro.

Wie findest du	Definitartikel	=	Definitpronomen
	den Kleiderschrank?		**Der** ist zu groß. **Den** finde ich hässlich.
	die Kommode?		**Die** ist schön. **Die** finde ich praktisch.
	das Regal?		**Das** ist zu klein. **Das** finde ich unpraktisch.
	die Stühle?		**Die** sind bequem. **Die** finde ich unbequem.

6. Üben Sie.

€445,- | €138,- | €280,- | €60,- | €125,- | €195,- | €340,- | €385,- | €43,- | €94,-

❭
§ 12
§ 20

c)
- ● Wie findest du den Schrank?
- ■ Meinst du den für 445 Euro?
- ● Nein, den für 340 Euro.
- ■ Der ist zu groß.

Der	ist	zu …
Die		…
Das		
Die sind		

Den	finde ich	…
Die		zu …
Das	mag ich.	
Die	mag ich nicht.	

hässlich teuer

bequem

schön klein

groß unbequem

7. Hören Sie die Dialoge.

Ordnen Sie dann die Sätze und schreiben Sie die Dialoge.

- ▦ Die finde ich zu modern, die mag ich nicht.
- ▦ Nein, ich habe noch keine.
- ● Und die hier? Magst du die?
- ▦ Meinst du die für 62 Euro?
- ● 48 Euro.
- ▦ Nein, die da.
- ● Die ist schön. Was kostet die denn?
- ▦ Schau mal! Hier sind Lampen. Hast du schon welche?
- ● Wie findest du denn die dort?

- ▦ Der sieht nicht schlecht aus. Wie teuer ist der denn?
- ● Und wie findest du den da?
- ▦ Nein, ich habe noch keine.
- ● Findest du den gut?
- ● Guck mal, hier gibt es Vorhänge. Hast du schon welche?
- ▦ Nein, der ist doch hässlich.
- ● 98 Euro.

8. Spielen Sie ähnliche Dialoge im Kurs.

| ● | Schau mal! | Hier sind | Lampen / Vorhänge / |
| | Guck mal! | Hier gibt es | Gläser / … |

| | Hast du schon welche? | ▦ | Nein, ich habe noch keine. |

●	Wie findest	du	den	da?	▦	Der	ist	sehr	…	schön hässlich
	Magst		die	dort?		Die		…		teuer gut billig
			das	hier?		Das				klein groß …
			die			Die sind				

●	Meinst du	den	da?	▦	Ja.		
		die	hier?		Nein,	den	da.
		das	dort?			die	dort.
			für … Mark?			das	hier.

●	Findest du	den	schön?	▦	Ja,	der	sieht	gut	aus.
		die	gut?			die		…	
		das	…			das			

					Nein,	den	mag ich nicht.
						die	
						das	

9. Hören Sie das Gespräch.

Was sagt Michael Wächter? Welche Sätze hören Sie?

a) ▦ Meine Mutter mag Kinder gern.
   ▦ Für meine Mutter bin ich noch ein Kind.

b) ▦ Zu Hause darf ich keine Musik hören.
   ▦ Ich darf zu Hause keinen Alkohol trinken.

c) ▦ Jetzt bin ich sehr glücklich.
   ▦ Jetzt bin ich ganz frei.

d) ▦ Ich möchte jetzt mein Leben leben.
   ▦ Ich möchte nicht mehr zu Hause leben.

Wohnungsmarkt

Häuser

Ffm-Eschersheim ①
Reihenhaus, 4 Zi., Küche, Bad, Gäste-WC, Hobbyraum, Sauna im Keller, Garten, Garage, 126 m², ab 1. 3. frei. Miete € 1200,– + Nk. u. Kt. Main-Immobilien 069 / 14 38 66

Ffm-Praunheim ⑤
ruhig wohnen und doch in der Stadt, 1-Fam.-Haus, 5 Zimmer, Küche, 2 Bäder, Fußbodenheizung, Garten, Garage Miete € 1300,– + NK. u. Kt. Konzept-Immobilien 069 / 81 25 77

Traumhaus in Bergen-Enkheim ⑧
6 Zi., Wohnküche, Bad/WC, Dusche/WC, Sauna, Keller, Hobbyraum, ab sofort, Miete € 1600,– + Nk. u. Kt., Mietvertrag 5 Jahre fest.
G & K – Immobilien 069 68 49 58

Bungalows

Bad Homburg ③
Neubau, noch 66 Tage, dann können Sie einziehen, Luxus-Bungalow mit viel Komfort und 1500 m² Garten, 5 Zimmer, 234 m², 2 Bäder, Gäste-WC, Hobbyraum, zwei Garagen € 2425,– + Nk. u. Kt.
Rufen Sie an: Berg & Partner Immobilien 069 / 47 59 72

Wohnungen

4-Zi., Ffm.-Seckbach ②
100 m² + Dachterrasse, 2 Bäder, ruhig, in 5-Familienhs., frei ab 1. 2., nur € 1000 + Nk. u. Kt. VDM GABLER-Immobilen Telefon 069 / 67 45 56

Maintal (15 km von Ffm-City) ⑥
Kinder willkommen: 4 Zi., 105 m², gr. Wohn-/Esszimmer, Süd-Balkon, Garage, ab sofort frei, Miete € 700,– + Nk. u. Kt. ab Mo. 0681 / 67 85 12

Ffm-Nordend ⑦
Neubau, 3½ Zi., Luxus-Kü., Bad, Balkon, Tiefgarage, ca. 89 m², Aufzug, 6. Stock, € 790 + Nk. u. Kt. Schmitt-Immobilien GmbH. Bergstr. 11, 069 / 45 23 12

Billig wohnen und Geld verdienen ⑨
4-Zi.-Wohnung für Hausmeister frei. Ffm-West, Erdgeschoss, 97 m², Balkon, 2 Toiletten, ruhig, Garten; pro Woche 10 Stunden Hausmeisterarbeit. € 590,– + Nk. 069 / 19 76 45

Frankfurt ④
4-Zimmerwohnung mit Küche, Bad/WC, Gäste-WC, 2 Balkone, 102 m² + Keller u. Tiefgarage, Hausmeister, Miete € 975,–
Jäger Immobilien 069 / 57 86 98

Ffm-Griesheim ⑩
von privat 4-Zi.-Dachwohnung für Ehepaar ohne Kinder, Bad, Duschbad, ab 15. 2. € 520,– + NK. u. Kt. 069 / 37 49 82 (nach 18.00 Uhr)

10. Ergänzen Sie die Tabelle.

Nr.	Wo?	Wie viele Zimmer?	Was für Räume?	Garten?	Wie groß?	Wie teuer?
1	Frankfurt	4	Küche, Bad, Gäste-WC, Hobbyraum, Sauna, Keller, Garage	ja	126 m²	€ 1200,–
2 ...						

11. Beschreiben Sie die Wohnungen und Häuser (Nr. 1–10).

1 Das Haus liegt in Frankfurt-Eschersheim. Es hat 4 Zimmer, eine Küche, ein Bad, ein Gäste-WC, einen Hobbyraum, eine Sauna, einen Keller, einen Garten und eine Garage. Das Haus ist 126 Quadratmeter groß. Es kostet 1200 Euro Miete.

2 Die Wohnung ist in ... Sie ist ... groß und hat ... und ... Die Wohnung ist ... Sie kostet ...

3 Der Bungalow liegt ... Er ... Der Bungalow ...
...

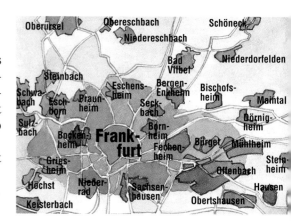

Familie Höpke, 2 Kinder (4 und 8 Jahre)
Familieneinkommen: 1900 € pro Monat
Herr Höpke ist Postbeamter.
Frau Höpke ist Hausfrau.

„Wir suchen eine Wohnung in Frankfurt. Wir haben eine in Steinheim, aber die hat nur drei Zimmer, ein Bad und eine Küche. Das ist zu wenig. Die Kinder möchten beide ein Zimmer haben. Die Wohnung ist nicht schlecht, und sie kostet nur 398 Euro. Aber ich arbeite in Frankfurt, und die Verkehrsverbindungen von Steinheim nach Frankfurt sind sehr schlecht. Morgens und nachmittags muss ich über eine Stunde fahren. Unter 750 Euro bekommt man in Frankfurt keine 4-Zimmer-Wohnung. Das können wir nicht bezahlen. Trotzdem – wir suchen weiter. Vielleicht haben wir ja Glück."

Herr und Frau Wiegand (keine Kinder)
Frau Wiegand ist Arzthelferin.
Herr Wiegand ist Lehrer.
Familieneinkommen: 3400 Euro pro Monat

„Wir wohnen in Frankfurt, in Bockenheim. Unsere Wohnung ist nicht schlecht. Sie hat vier Zimmer, eine Küche, ein Bad und eine Gästetoilette. Sie liegt sehr günstig. Leider ist die Wohnung sehr laut und sie hat keinen Balkon. Wir bezahlen 865 Euro kalt. Ein Haus mit Garten ist unser Traum. Es gibt aber leider nur wenige Häuser. Und die sind fast immer sehr teuer und liegen auch meistens außerhalb. Mein Mann und ich, wir arbeiten beide in Frankfurt, und wir wollen hier auch wohnen. Eigentlich möchten wir gerne bauen, aber das geht nicht. In Frankfurt kann das niemand bezahlen."

12. Wie finden die Familien ihre Wohnungen?

Notieren Sie Stichworte und erzählen Sie dann.

13. Suchen Sie eine Wohnung für Familie Höpke und für Familie Wiegand.

14. Hören Sie die Gespräche.

a) Welches Haus möchten Herr und Frau Wiegand anschauen? Nr.: ▮

b) Welche Wohnung möchte Familie Höpke anschauen? Nr.: ▮

15. Wie möchten Sie gerne wohnen? Wie sieht Ihr Traumhaus aus?

Mein Traumhaus ist …   Meine Traumwohnung ist …
Es hat …   Sie hat…

Streit im Haus

**Was darf man, was darf man nicht?
Viele Leute wissen das nicht.
Wir informieren Sie über wichtige
Gerichtsurteile.**

(1) Vögel darf man auf dem Fensterbrett füttern. Aber keine Tauben, die machen zu viel Dreck.

(2) An der Außenwand oder am Fenster dürfen Sie keine Politparolen aufhängen.

(3) Von 13 bis 15 Uhr und von 22 bis 7 Uhr dürfen Sie im Haus keinen Krach machen, und auch nicht draußen im Hof oder im Garten. Auch die Kinder müssen dann leise spielen.

(4) In der Wohnung darf man pro Tag 90 Minuten Musik machen. Aber man darf die Nachbarn nicht zu sehr stören.

(5) Ihr Partner oder Ihre Partnerin darf in Ihrer Wohnung oder in Ihrem Appartement wohnen. Man muss den Vermieter nicht fragen. Er kann es nicht verbieten.

(6) In einer Mietwohnung darf man ohne Erlaubnis kein Geschäft betreiben und keine Waren herstellen.

(7) Verbietet Ihr Mietvertrag Haustiere? Nein? Dann dürfen Sie welche in Ihrer Wohnung haben. Sonst müssen Sie den Vermieter fragen.

(8) Auf dem Balkon oder auf der Terrasse dürfen Sie grillen, aber Sie dürfen Ihre Nachbarn nicht stören.

(9) Ohne Erlaubnis dürfen Sie am Haus, auf dem Dach oder am Schornstein keine Antenne montieren. Sie müssen vorher Ihren Vermieter fragen.

(10) In Ihrer Mietwohnung, in Ihrem Haus oder in Ihrem Garten dürfen Sie auch mal nachts laut feiern. Aber bitte informieren Sie vorher Ihre Nachbarn.

16. Welche Bilder und welche Urteile passen zusammen?

Bild	Urteil	Bild	Urteil
a		f	
b		g	
c		h	
d		i	
e		j	

Wo → in / an / auf + Dativ

im	(in ihrem)	Garten
in der	(in ihrer)	Wohnung
im	(in ihrem)	Haus

im = in dem

am	Schornstein
an der	Außenwand
am	Fenster

am = an dem

auf dem	Balkon
auf der	Terrasse
auf dem	Fensterbrett

17. Was dürfen Sie? Was dürfen Sie nicht? Was müssen Sie tun? Was müssen Sie nicht tun?

Im / In der	Wohnung	darf ich ...	Ich muss ...	**›**
In einem / In einer	Haus	darf ich nicht ...	Ich muss nicht ...	§ 3
In meinem / In meiner	Appartement			§ 16a
Am / An der	Balkon			
An einem / An einer	Garten			
An meinem	Hof			
Auf dem / Auf der	Dach			
Auf einem / Auf einer	Schornstein			
Auf meinem / Auf meiner	Terrasse			
...	Fenster			
	Außenwand			
	Hausflur			

18. Interview. Haben Sie Ärger mit Nachbarn?

a) Was glauben Sie? Wer wohnt …

in einem Reihenhaus?

in einem Mietshaus?

in einem Hochhaus?

in einem Studentenheim?

b) Wer sagt das?

   (1) ▨   Meine Nachbarn sind sehr nett.

   (2) ▨   Wissen Sie, ich kenne meine Nachbarn gar nicht. Ärger gibt es nicht.

   (3) ▨   Meine Kinder sind noch klein und natürlich machen sie auch Lärm. Da gibt es manchmal Ärger.

   (4) ▨   Ja, manchmal gibt es Ärger, aber dann diskutieren wir das Problem. Am Ende ist immer alles okay.

 c) Hören Sie jetzt die Interviews.

1/76-79

19. Liebe Helga!

a) Lesen Sie die Karte.

Solingen, 6. 8. 02

Liebe Helga,
endlich habe ich Zeit für eine Karte. Wir sind sehr glücklich:
Seit 6 Wochen haben wir ein Haus! Endlich haben wir genug
Platz. Das Haus hat 5 Zimmer. Besonders die Kinder sind
sehr glücklich. Beide haben jetzt ein Zimmer und sie können
im Garten spielen. Auch wir sind zufrieden. Das Haus liegt
fantastisch, und es ist auch nicht zu teuer.
Komm doch bald mal nach Solingen.
Wir haben jetzt auch ein Gästezimmer.
Herzliche Grüße
Claudia und Richard

b) Svenja und Jürgen haben jetzt eine 4-Zimmer-Wohnung. Sie schreiben an ihren Freund Herbert Kroll in 14482 Potsdam, Hermann-Maaß-Straße 12. Die Wohnung ist hell, liegt sehr ruhig und hat einen Balkon. Svenja und Jürgen möchten Herbert einladen. Er kann im Arbeitszimmer schlafen.

Schreiben Sie die Karte an Herbert Kroll.

Strandhotel Hiddensee

Urlaub auf der Ostseeinsel Hiddensee ist ein Erlebnis.
Es gibt keine Industrie und Autos dürfen auf der Insel
nicht fahren, denn Hiddensee ist ein Naturschutzgebiet.
Die Strände sind sauber, die Wiesen und Wälder sind
noch nicht zerstört. Hier finden Sie Ruhe und Erholung.
Ein Erlebnis ist auch unser Strandhotel Hiddensee. Es
liegt direkt am Strand und bietet viel Komfort. Alle Zimmer haben Bad und WC und einen Balkon. Es gibt ein
Hallenbad mit Sauna, einen Privatstrand, eine Terrasse,
eine Bar, ein Café, ein Restaurant, eine Diskothek, einen
Leseraum, ein Fernsehzimmer …

Urlaub
in unserem Strandhotel
ist ein Erlebnis.

20. Wo kann man im Strandhotel …?

Wo finden Sie was?

2. Stock:	Gästezimmer/Fernsehzimmer	**Anbau:**
1. Stock:	Frühstückszimmer/Leseraum/Gästezimmer	Sauna
Erdgeschoss	Rezeption/Restaurant/Terrasse/Café/Telefonzelle	Kiosk / Reisebüro
Keller:	Bar/Diskothek	Hallenbad

- Wo kann man | fernsehen?
  | …

- Im | Fernsehzimmer
  In der | Kiosk, Rezeption
  Am | Terrasse
  An der | …
  Auf der |

frühstücken   Leute treffen   telefonieren   ein Bier trinken
einen Ausflug buchen   in der Sonne liegen   Mittag essen
flirten   ein Zimmer buchen   Zigaretten kaufen
einen Mietwagen leihen   Kaffee trinken   eine Zeitung lesen
einen Wein trinken   tanzen   fernsehen
Touristeninformationen bekommen   eine Zeitung kaufen

Wohnen – alternativ

Herr Peißenberg (●) zeigt seinen Gästen (▨ und ▲)
die neue Wohnung.

- ● Hier ist die Küche, da schlafen wir.
- ▨ Ach, Sie schlafen in der Küche?
- ▲ Wie interessant!
- ● Ja, wir schlafen immer in der Küche.
- ▨ Und wo kochen Sie?
- ● Kochen? Wir kochen natürlich im Schlafzimmer.
- ▲ Was? – Sie kochen wirklich im Schlafzimmer?
- ● Ja, natürlich.
- ▨ Sehr interessant!

- ▲ Und das hier, das ist wohl das Bad?
- ● Ja, da wohnen wir.
- ▨ Wie bitte? – Sie wohnen im Bad?
- ● Ja. Wir finden das sehr gemütlich.
- ▨ Gemütlich, na ja. Ich weiß nicht.
- ▲ Aber es ist sehr originell.

- ● Und hier das Wohnzimmer, da baden wir!
- ▨ Was? Sie baden wirklich im Wohnzimmer?
- ● Ja, das ist so schön groß. Wissen Sie, wir leben
  nun mal alternativ.
- ▲ Das stimmt.
- ● Wir möchten jetzt essen. Sie essen doch mit?
- ▨ Essen? Wo denn? O Gott, nein! Ich habe leider
  keine Zeit.
- ▲ Ich leider auch nicht. Auf Wiedersehen, und
  vielen Dank!

Liebe ist die beste Medizin!

Gesundheit ist das höchste Gut!

Die Stirne kühl, die Füße warm, das macht den reichsten Doktor arm!

Besser reich und gesund als arm und krank!

KRANKHEIT

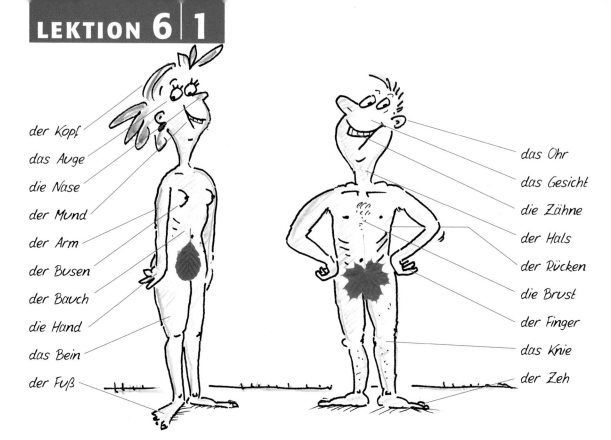

der Kopf
das Auge
die Nase
der Mund
der Arm
der Busen
der Bauch
die Hand
das Bein
der Fuß

das Ohr
das Gesicht
die Zähne
der Hals
der Rücken
die Brust
der Finger
das Knie
der Zeh

1. Frau Bartels und Herr Kleimeyer sind immer krank.

> § 6b)

Frau Bartels hat jeden Tag eine Krankheit.
Montag kann sie nicht arbeiten, ihr Hals tut weh.
Dienstag kann sie nicht …, ihr … tut weh.

Auch Herr Kleimeyer hat jeden
Tag eine Krankheit.
Montag tut sein Rücken weh,
und er kann nicht schwimmen.
Dienstag tut …, und …

arbeiten   hören   einkaufen

aufräumen   schlafen

rauchen   aufstehen   essen

feiern   fernsehen

Auto fahren   sprechen

lesen   kochen   sehen

schwimmen   trinken

fotografieren   schreiben

Fußball | spielen
Tennis |

Rad fahren   gehen

tanzen

Deutsch lernen

2. Er/sie ist krank. Was hat er/sie?

  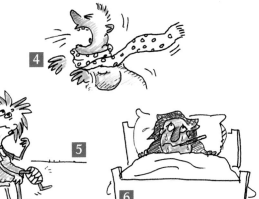

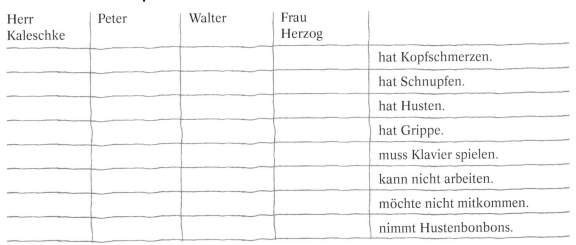

Seine	Brust	tut weh.
Ihre	Hand	
	Nase	

Er	hat	Zahnschmerzen.
Sie		Kopfschmerzen.
		Bauchschmerzen.

Sein	Zahn	tut weh.
Ihr	Kopf	
	Bauch	
	…	

Seine	Beine	tun weh.
Ihre	Zähne	
	Füße	

Er	hat	Grippe.
Sie		Fieber.
		Durchfall.

Er	ist erkältet.
Sie	

3. Hören Sie die Gespräche und kreuzen Sie an.

2/1-4

Herr Kaleschke	Peter	Walter	Frau Herzog	
				hat Kopfschmerzen.
				hat Schnupfen.
				hat Husten.
				hat Grippe.
				muss Klavier spielen.
				kann nicht arbeiten.
				möchte nicht mitkommen.
				nimmt Hustenbonbons.

Herr Kaleschke	Peter	Walter	Frau Herzog	Wer bekommt diesen Rat?
				„Nehmen Sie Nasentropfen."
				„Bleiben Sie im Bett."
				„Trink Hustentee."
				„Nimm eine Tablette."

❯ § 26

Sprechstunde

Leser fragen – Dr. Braun antwortet

Dr. med. C. Braun

beantwortet Leserfragen über das Thema Gesundheit und Krankheit. Schreiben Sie an das Gesundheitsmagazin. Ihre Frage kann auch für andere Leser wichtig sein.

1

Sehr geehrter Herr Dr. Braun,
mein Magen tut immer so weh. Ich bin auch sehr nervös und kann nicht schlafen. Mein Arzt weiß auch keinen Rat. Er sagt nur, ich soll nicht so viel arbeiten. Aber das ist unmöglich.
Willi M., Rinteln

A

Ihre Schmerzen können sehr gefährlich sein. Da kann ich leider keinen Rat geben; Sie müssen unbedingt zum Arzt gehen. Warten Sie nicht zu lange!

2

Lieber Doktor Braun,
ich habe oft Halsschmerzen, und dann bekomme ich immer Penizillin. Ich will aber kein Penizillin nehmen. Was soll ich tun?
Erna E., Bottrop

B

Sie wollen keine Antibiotika nehmen, das verstehe ich. Seien Sie dann aber vorsichtig! Gehen Sie nicht oft schwimmen, trinken Sie Kamillentee und machen Sie jeden Abend Halskompressen. Vielleicht kaufen Sie ein Medikament aus Pflanzen, zum Beispiel Echinacea-Tropfen. Die bekommen Sie in der Apotheke oder Drogerie.

3

Lieber Doktor Braun,
ich habe oft Schmerzen in der Brust, besonders morgens. Ich rauche nicht, ich trinke nicht, ich treibe viel Sport und bin sonst ganz gesund. Was kann ich gegen die Schmerzen tun?
Herbert P., Bonn

C

Ihr Arzt hat Recht. Magenschmerzen, das bedeutet Stress! Vielleicht haben Sie ein Magengeschwür. Das kann schlimm sein! Sie müssen viel spazieren gehen. Trinken Sie keinen Kaffee und keinen Wein. Sie dürfen auch nicht fett essen.

4. Welcher Leserbrief und welche Antwort passen zusammen?

5. Herr P., Frau E., Herr M.

Wer hat …	Herr / Frau …	Was soll er / sie tun?	Was soll er / sie nicht tun?
Brustschmerzen? Halsschmerzen? Magenschmerzen?	*Herbert P.*	*vorsichtig sein,*	*fett essen,*

Welche Ratschläge gibt Dr. Braun?

> §35
> §25

Frau E. soll vorsichtig sein.
Herr … soll nicht fett essen und keinen Wein trinken.
Herr …
Frau …

6. Üben Sie.

- Möchtest du einen Kaffee?
- Nein danke, ich darf nicht.
- Warum denn nicht?
- Ich habe ein Magengeschwür.
  Der Arzt sagt, ich soll keinen Kaffee trinken.
- Darfst du denn Tee trinken?
- Oh ja, das soll ich sogar.

> Kaffee – ein Magengeschwür haben – Tee
> Eis essen – Durchfall haben – Schokolade
> Kuchen – Verstopfung haben – Obst
> Schweinebraten – zu dick sein – Salat
> Kaffee – nervös sein – Milch
> Butter – zu viel Cholesterin haben – Margarine
> …

7. Beim Arzt in der Sprechstunde. Hören Sie zu und beantworten Sie die Fragen.

2/5

a) Was für Schmerzen hat Herr Heidemann?
b) Isst Herr Heidemann viel?
c) Muss er viel arbeiten?
d) Trinkt er Bier oder Wein?
e) Trinkt er viel Kaffee?
f) Raucht er?
g) Nimmt er Tabletten?
h) Was sagt die Ärztin: Welche Krankheit hat Herr Heidemann?
i) Was soll Herr Heidemann jetzt tun?
j) Wie oft soll er das Medikament nehmen?

Schlafstörungen

Jeden Morgen das Gleiche: Der Wecker klingelt, doch Sie sind müde und schlapp. Sie möchten gern weiterschlafen – endlich einmal ausschlafen… Für jeden vierten Deutschen (davon mehr als zwei Drittel Frauen) sind die Nächte eine Qual – sie können nicht einschlafen oder wachen nachts häufig auf.
Gegen Schlafstörungen soll man unbedingt etwas tun, denn sie können krank machen. Zuerst muss man die Ursachen kennen. Zu viel Kaffee, Zigaretten oder ein schweres Essen am Abend, aber auch Lärm, zu viel Licht oder ein hartes Bett können den Schlaf stören. Manchmal sind aber auch Angst, Stress oder Konflikte die Ursache. Was können Sie also tun?

Tipps für eine ruhige Nacht

- Gehen Sie abends spazieren oder nehmen Sie ein Bad (es muss schön heiß sein!)

- Die Luft im Schlafzimmer muss frisch sein. Das Zimmer muss dunkel sein und darf höchstens 18 Grad warm sein.

- Nehmen Sie keine Medikamente. Trinken Sie lieber einen Schlaftee.

- Auch ein Glas Wein, eine Flasche Bier oder ein Glas Milch mit Honig können helfen.

- Schreiben Sie Ihre Probleme auf. Sie stehen dann auf dem Papier und stören nicht Ihren Schlaf.

- Hören Sie leise Musik.

- Machen Sie Meditationsübungen oder Yoga.

Und dann:
Schlafen Sie gut!

8. Was soll/kann man gegen Schlafstörungen tun?

Man soll abends spazieren gehen.
Man kann auch …
Man soll …

**9. Ein Freund / eine Freundin hat Schlafstörungen.
Welche Ratschläge können Sie geben?**

> § 26
> § 34

Geh abends spazieren!
Nimm …
Trink …

10. Welche Ratschläge können Sie geben bei …?

Erkältung	Magenschmerzen
Halsschmerzen	Durchfall
Kopfschmerzen	Zahnschmerzen
Fieber	Kreislaufstörungen
Schnupfen	…

Obst essen
Kamillentee trinken
Sport treiben
nicht rauchen
Spaziergang machen
Vitamintabletten nehmen

Rolf besucht seinen Freund Jochen. Jochen ist erkältet und hat Fieber.
Rolf und Jochen spielen zusammen in einer Fußballmannschaft.
Am Samstag ist ein sehr wichtiges Spiel.
Jochen soll unbedingt mitspielen: Seine Mannschaft braucht Jochen, denn er spielt sehr gut.

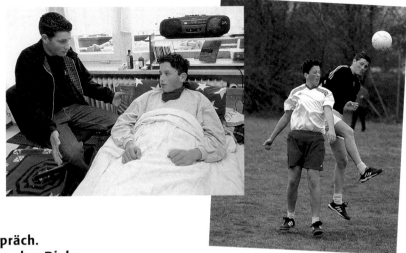

11. Hören Sie erst das Gespräch.
Rekonstruieren Sie dann den Dialog.

2/6

(Der Text auf CD oder Kassette ist nicht genau gleich!)

Ach, dein Arzt! Komm, spiel doch mit.

Ich habe Fieber.　　　Das sagst du! Aber mein Arzt sagt, ich soll im Bett bleiben.

Jochen, du musst am Samstag unbedingt mitspielen.　　Na, dann nicht. Also gute Besserung!

Nein, ich will lieber im Bett bleiben.　　Ein bisschen Fieber, das ist doch nicht so schlimm.

90 Minuten kannst du bestimmt spielen.　　Ich möchte ja gern, aber ich kann wirklich nicht.

12. Schreiben Sie einen ähnlichen Dialog mit Ihrem Nachbarn.
Spielen Sie dann den Dialog. Hier sind weitere Situationen:

Roland hat Magenschmerzen.
Er spielt in einer Jazzband Gitarre.
Am Wochenende müssen sie spielen.

Frau Wieland ist Buchhalterin.
Sie ist seit 10 Tagen krank.
Sie hat Rückenschmerzen.
Ihr Chef, Herr Knoll, ruft an.
Sie soll kommen, denn es gibt Probleme in der Buchhaltung.

Mensch, Lisa, was hast du denn gemacht?

Was ist denn bloß passiert?

Na ja, es ist Samstag passiert …

Erzähl mal!

1 Dann habe ich die Flaschen nac unten gebracht.

5 Mein Kollege ist gekommen und hat geholfen.

13. Und was ist nun wirklich passiert?

Ordnen Sie die Bilder
Es gibt drei Geschichten. (Nur eine ist wirklich passiert.)

A ▪ ▪ ▪ ▪
B ▪ ▪ ▪ ▪
C ▪ ▪ ▪

 14. Hören Sie die drei Geschichten auf CD oder Kassette.

2/7-9

› **15. Erzählen Sie die Geschichten mit Ihren Worten:**

§ 29, 30
§ 37

Am Samstag hat Lisa …
Dann/Plötzlich …

er/sie **hat** …		er/sie **ist** …
gearbeitet	geholt	aufgestanden
aufgeräumt	gesagt	gefallen
gebracht	geschrien	gegangen
geholfen	wehgetan	hingefallen
		gekommen
		gefahren

9 Dann bin ich hingefallen.

2 Ich bin Rad gefahren.

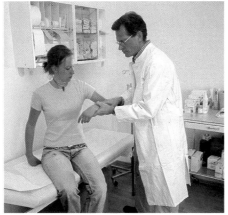

3 Mein Arm hat sehr wehgetan und ich bin zum Arzt gegangen.

4 Mensch, da habe ich laut geschrien.

5 Plötzlich ist meine Hand in die Maschine gekommen.

7 Meine Freundin hat den Arzt geholt. Er hat gesagt: „Das Bein ist gebrochen."

8 Das Bein hat sehr wehgetan. Ich bin nicht wieder aufgestanden.

0 Plötzlich bin ich gefallen.

11 Ich habe die Küche aufgeräumt.

12 Ich habe wie immer an der Maschine gearbeitet.

16. Was braucht man im Winterurlaub?

der Pullover

die Handschuhe

die Skihose

die Mütze

der Schal

die Skibrille

das Verbandszeug

das Medikament

das Pflaster

das Briefpapier

die Kranken-
versicherungskarte

17. Was sagen die Eltern?

Heike und Hartmut fahren nach Lenggries
in Bayern. Sie wollen dort Ski fahren.
Heute packen sie ihre Koffer.

Die Eltern sagen:

§ 26

Nehmt ... mit!
Packt auch ... ein!
Vergesst ... nicht!

die Skihosen
die Schals
die Mützen
...

18. Am Bahnhof

2/10

Was haben Heike und Hartmut eingepackt?

- Skihosen
- Pullover
- Schals
- Skibrillen
- Handschuhe
- Medikamente
- Krankenversicherungskarte
- Verbandszeug
- Briefpapier

19. Üben Sie.

§ 6b)

a)

● Habt *ihr eure* | Skihosen | eingepackt?
                ... | mitgenommen?

Ja, *unsere* Skihosen | eingepackt.
           haben *wir* | mitgenommen.

Nein, *unsere* Skihosen | nicht eingepackt.
            haben *wir* | nicht mitgenommen.
                      vergessen.

b)

● Haben *die beiden ihre* Skihosen dabei?

Ja, *ihre* Skihosen haben *sie* dabei.

Nein, *ihre* Skihosen haben *sie* nicht dabei.

Hartmut hat in Lenggries Skifahren gelernt.
Der Skikurs hat drei Wochen gedauert.

Hier das Tagesprogramm:

Skikurs
Anfänger 3

Lehrer: Hannes Pfisterer

7.00	aufstehen
7.45	Frühstück
9.00–11.00	Skiunterricht
11.30	Mittagessen
13.00–15.00	Skiunterricht
18.00	Abendessen

20. Erzählen Sie:

Hartmut ist jeden Tag um 7.00 aufgestanden …

frühstücken	–	hat gefrühstückt
Ski fahren	–	ist Ski gefahren
trinken	–	hat getrunken
essen	–	hat gegessen
haben	–	hatte / hat gehabt
sein	–	war / ist gewesen

Aber ein Tag war ein Unglückstag.
Erzählen Sie:

Der eingebildete Kranke

2/11

- ● Herr Doktor, ich bin nicht gesund.
- ■ So? Wo fehlt's denn?
- ● Das weiß ich auch nicht.
- ■ Sie wissen es nicht … aber Sie sind krank?
- ● Krank? Glauben Sie, ich bin krank?
- ■ Ich frage Sie! Ich weiß das nicht.
- ● Aber – Sie sind doch der Arzt!
- ■ Haben Sie denn Schmerzen?
- ● Bis jetzt nicht. Aber vielleicht kommt das noch.
- ■ Unsinn! Essen Sie normal?
- ● Wenig, Herr Doktor, sehr wenig.
- ■ Das heißt, Sie haben keinen Appetit?
- ● Oh doch! Ich esse zwar wenig, aber das dann mit viel Appetit.
- ■ Aha! Trinken Sie auch sehr wenig?
- ● Nein, Herr Doktor, ich trinke sehr viel. Bier, Limonade, und vor allem Wasser. Ich habe immer einen furchtbaren Durst.
- ■ Interessant. Woher kommt wohl dieser Durst?
- ● Na ja, ich schwitze sehr viel.
- ■ So? Und warum schwitzen Sie so viel?
- ● Ich … wissen Sie … ich laufe ständig zum Arzt …
- ■ Ich verstehe. – Wo sind Sie versichert?
- ● Versichert? Ich … ich bin nicht versichert.
- ■ Aha! Gut. Ich schicke Ihnen dann die Rechnung.
- ● Die Rechnung, ach so … Sehen Sie, Herr Doktor, jetzt schwitze ich schon wieder …

fernsehen

Wohnung aufräumen

kochen

im Garten arbeiten

Blumen gießen

ins Bett gehen

Brief schreiben

im Internet etwas suchen

Kaffe trinken, Zeitung lesen

essen gehen

Freunde treffen

ins Konzert gehen

ein Bild malen

ins Theater gehen

ins Kino gehen

ein Buch lesen

ALLTAG

LEKTION 7│1

1. Was meinen Sie? Was haben die Personen gerade gemacht?

Nr. … │ hat │ gerade …
     │ ist │

geschlafen   geheiratet
Essen gekocht
ein Sonnenbad genommen
eine Flasche Wein getrunken
in der Sauna gewesen
einen Brief geschrieben
gefallen   geschwommen
nach Hause gekommen

2. Montagmorgen im Büro.

a) Was glauben Sie: Was haben die Leute am Wochenende gemacht?

2/12

❯
§ 30
§ 37

| Besuch gehabt   Geburtstag gefeiert   zu Hause geblieben   Fußball gespielt   tanzen gegangen |
| im Garten gearbeitet   ein Tennisspiel gesehen   einen Ausflug gemacht   im Theater gewesen |
| einkaufen gegangen   eine Küche gekauft   das Auto gewaschen   für eine Prüfung gelernt |

b) Hören Sie zu. Was haben die Leute wirklich gemacht?

c) Überlegen Sie: Was haben die Leute vielleicht außerdem gemacht?

Perfekt				
hat	gekocht	genommen	ist	gekommen
	gekauft	gesehen		geblieben
	gearbeitet	geschrieben		gefallen
	gehabt	geschlafen		gegangen
	…	gewaschen		geschwommen
		getrunken		gewesen
		…		…

Frau Bärlein │ hat │ …
Herr Kretschmar │ ist │
Tina
Herr Weiher

3. Dialogübung.

● Krüger …

▪ Hier ist Gerd. Grüß dich!
Du, Sybille, was hast du eigentlich Mittwochnach-
mittag gemacht? Wir waren doch verabredet.

● Mensch, tut mir Leid. Das habe ich total vergessen.
Da habe ich ferngesehen.

Montag-	Freitag-	-morgen
Dienstag-	Samstag-	-mittag
Mittwoch-	Sonntag-	-nachmittag
Donnerstag-		-abend

> spazieren gehen   schlafen   Rad fahren
>
> lesen   wegfahren   schwimmen gehen
>
> Kopfschmerzen   tanzen gehen   lernen
>
> Besuch haben
>
> arbeiten   Sauna   einkaufen   fernsehen

Perfekt: Trennbare Verben
einkaufen – ein**ge**kauft
fernsehen – fern**ge**sehen

4. Hören Sie zu.

2/13

Wer hat das erlebt?
(Manfred = M, Peter = P)

a)  hat ein Mädchen kennen
gelernt.
b) ▮ hat eine Prüfung gemacht.
c) ▮ hat Italienisch gelernt.
d) ▮ hat zwei Wochen im Krankenhaus gelegen.
f) ▮ hatte einen Autounfall.
h) ▮ ist umgezogen.
i) ▮ ist Vater geworden.
k) ▮ war krank.
l) ▮ will heiraten.

Wann war das? Im …

▮ Januar	▮ Mai	▮ September
▮ Februar	▮ Juni	▮ Oktober
▮ März	▮ Juli	▮ November
▮ April	▮ August	▮ Dezember

Die Verben sein und haben

Perfekt	Präteritum
ich bin gewesen	ich war
ich habe gehabt	ich hatte

5. Was haben Sie letztes Jahr erlebt? Was war für Sie 20… wichtig?

Letztes Jahr …   Im Januar …   Im Jahr 19… / 20…   Im …

> § 28

6. Haben Sie schon gehört …?

2/14-16

A ● Ist Frau Soltau nicht hier?
▪ Nein, sie kommt heute nicht.
● Ist etwas passiert?
▪ Ja, sie hatte einen Unfall.
● Einen Unfall? Was ist denn passiert?
▪ Na ja, sie ist hingefallen. Ihr Bein tut weh.
● Ist es schlimm?
▪ Nein, das nicht. Aber sie muss wohl ein paar Tage im Bett bleiben.

B ▪ Hast du es schon gehört? Die Sache mit Frau Soltau?
▲ Nein, was denn?
▪ Sie hatte einen Unfall. Sie ist die Treppe hinuntergefallen.
▲ Mein Gott! War es schlimm?
▪ Ja, ihr Bein ist gebrochen. Sie muss zwei Wochen im Bett bleiben.

C ▲ Haben Sie es schon gehört?
▼ Nein! Was denn?
▲ Frau Soltau hatte einen Unfall.
▼ Was ist denn passiert?
▲ Das weiß ich nicht genau. Sie liegt im Krankenhaus. Man hat sie operiert.
▼ Das ist ja schrecklich!

Was ist **passiert?**
Man hat sie **operiert.**
Wer hat das **erzählt?**
Sie hat ein Kind **bekommen.**

❯ Spielen Sie ähnliche Dialoge. Hier sind ein paar Möglichkeiten.

§ 30

a) Frau Kuhn hat im Lotto gewonnen:
   (A) 30 000,–! Sie hat ein Auto gekauft.
   (B) 300 000,–! Sie hat ein Haus gekauft.
   (C) 800 000,–! Sie hat gekündigt und will eine Weltreise machen.

b) Frau Tönjes hat
   (A) einen Freund. Er kommt jeden Tag.
   (B) geheiratet. Sie wohnen zusammen in ihrer Wohnung.
   (C) ein Kind bekommen, aber ihr Mann ist ausgezogen.

c) Zwei Polizisten waren bei Herrn Janßen. Sie haben geklingelt.
   (A) Herr Janßen war nicht da. Die Polizisten sind wieder gegangen.
   (B) Die Polizisten sind eine halbe Stunde geblieben, dann gegangen.
   (C) Die Polizisten haben Herrn Janßen mitgenommen.

7. Kennen Sie das auch?

Habt ihr eure Hände gewaschen?
Habt ihr die Zähne geputzt?
Habt ihr eure Milch getrunken?
Habt ihr euer Brot gegessen?
Habt ihr eure Schularbeiten gemacht?
Habt ihr eure Zimmer aufgeräumt?

Was fragen die Kinder und der Vater?

Keller aufräumen   Pullover waschen

Licht in der Garage ausmachen

Kuchen backen   Lehrerin anrufen

Heizung anstellen   Bad putzen

Gemüsesuppe kochen   Blumen gießen

Schuhe putzen   Cola mitbringen

                    Katze füttern

Waschmaschine abstellen

Schulhefte kaufen   Knopf annähen

8. Was kann die Frau antworten?

Nein,	das	habe ich noch nicht gemacht.
		mache ich nicht.
	dazu habe ich	keine Lust.
		keine Zeit.

Wasch deinen Pullover	doch selbst!	›
Gieß deine Blumen		§ 34
…		

Mach das Licht doch selbst aus!
Näh den Knopf doch selbst an!
Stell die Waschmaschine selbst ab!

Du kannst	die Heizung ja selbst anstellen.
Ihr könnt	den Keller selbst aufräumen.
	die Katze selbst füttern.
	…

9. Ein Arbeitstag

a) Was hat Frau Winter heute gemacht?

a Die Kinder abgeholt und nach Hause gebracht

b In den Supermarkt gegangen, Jens mitgenommen

c Jens in den Kindergarten und Anna in die Schule gebracht

d Abendessen gekocht

e Karl zur Haltestelle gebracht und ins Büro gefahren

f Die Kinder ins Bett gebracht

g Das Frühstück gemacht

h Briefe beantwortet, telefoniert, Bestellungen bearbeitet

i Das Mittagessen gekocht

j Jens und Anna geweckt und angezogen

k Die Freundin von Anna nach Hause gebracht

l Das Zimmer von Anna aufgeräumt

b) Wann hat Frau Winter was gemacht?
   Ordnen Sie zuerst nach der Uhrzeit. Erzählen Sie dann.

❯
§ 16a)
§ 46

Wohin? – Präposition + Akk.

in den Kindergarten
in die Schule
in das → **ins** Büro
nach Hause
zur Haltestelle

Um 7.00 Uhr hat sie …
Um 7.20 Uhr …
Um 7.45 Uhr …
Um 8.05 Uhr …
Von 8.30 bis 12. 00 Uhr …
Um 12.20 Uhr …

Um 12.45 Uhr …
Um 14.30 Uhr …
Um 16.15 Uhr …
Um 16.30 Uhr …
Um 18.00 Uhr …
Um 19.50 Uhr …

10. Frau Winter muss ins Krankenhaus

a) Hören Sie den Dialog. Wen muss Herr Winter …

   (Anna = A, Jens = J, beide = b)

▢ um 7 Uhr wecken? ▢ um 12.20 Uhr abholen?
▢ anziehen? ▢ um 12.35 Uhr abholen?
▢ in den Kindergarten bringen? ▢ um 19.30 Uhr ins Bett bringen?
▢ in die Schule bringen? ▢ um 19.50 Uhr ins Bett bringen?

b) Frau Winter hat für ihren Mann zwei Zettel geschrieben.

Jens:
Um 7 Uhr wecken. Anziehen.
(Er kann das nicht allein)
7.40 Uhr in den Kindergarten
bringen.
12.30 Uhr wieder abholen.
Nachmittags in den Supermarkt
mitnehmen.
Dann spielen lassen.
Spätestens 19.30 Uhr ins Bett
bringen.

Anna:
Auch um 7 Uhr wecken.
Auch anziehen! (Braucht allein
eine halbe Stunde!)
7.50 Uhr in die Schule bringen.
12.20 Uhr wieder abholen.
Spätestens um 14.30 Uhr die
Hausaufgaben machen lassen.
Dienstag: Um 16 Uhr in die
Musikschule bringen.
Spätestens um 20 Uhr ins Bett
bringen.

Was muss Herr Winter machen?

Um sieben Uhr muss er Jens wecken.
Er muss ihn anziehen. Jens kann das nicht allein.
Um zwanzig vor acht muss er ihn …
Um …

Um sieben Uhr muss er auch Anna wecken.
Er muss sie auch anziehen. Sie braucht allein eine
halbe Stunde!
Um zehn vor acht muss er sie …
Um …

> § 11
> § 38

Personalpronomen im Akkusativ	**wen? was?**
er (Jens) →	Herr Winter muss **ihn** wecken.
sie (Anna) →	Herr Winter muss **sie** wecken.
es (das Zimmer) →	Anna muss **es** aufräumen.
sie (die Bücher) →	Anna muss **sie** aufräumen.

Junge (8 Jahre) auf Autobahnraststätte einfach vergessen!

Anzeigenannahme: Tel. 0 89 / 23 60

Am Samstagmorgen um 3.30 Uhr war der achtjährige Dirk W. mutterseelenallein auf einem Rastplatz an der Autobahn Darmstadt-Frankfurt. Seine Eltern waren versehentlich ohne ihn abgefahren.

11. Lesen Sie die drei Texte.

Nur eine Geschichte ist wirklich passiert.

1 Dirk ist mit seinen Eltern und seiner Schwester nachts um 12 Uhr von Stuttgart losgefahren. Er und seine Schwester waren müde und haben auf dem Rücksitz geschlafen. Auf einmal ist Dirk aufgewacht. Das Auto war geparkt und seine Eltern waren nicht da. Auf dem Parkplatz war eine Toilette. Dirk ist ausgestiegen und auf die Toilette gegangen. Dann ist er zurückgekommen und das Auto war weg.

2 Dirk ist mit seinem Vater nachts um 12 Uhr von Stuttgart losgefahren. Er hat auf dem Rücksitz gesessen und Musik gehört. Dann hat sein Vater auf dem Parkplatz angehalten und ist auf die Toilette gegangen. Es war dunkel, und Dirk hatte auf einmal Angst allein im Auto. Er ist ausgestiegen und hat seinen Vater gesucht. Aber er hat ihn nicht gefunden. Dann ist er zurückgekommen und das Auto war weg.

3 Dirk ist mit seinem Vater und seiner Schwester nachts um 12 Uhr von Stuttgart abgefahren. Zuerst haben die Kinder noch gespielt, aber dann sind sie auf dem Rücksitz eingeschlafen. Plötzlich ist Dirk aufgewacht. Es war still und sein Vater war nicht mehr im Auto. Auf dem Parkplatz war eine Toilette. Dort hat er seinen Vater gesucht. Aber der war nicht da. Dann ist er wiedergekommen und das Auto war weg.

2/18 Hören Sie den Bericht von Dirk.
Welcher Text erzählt die Geschichte richtig?

 Text 1   Text 2   Text 3

12. Hören Sie den Bericht von Herrn Weber. Was erzählt er?

a) Wir sind gegen ▨ 2.00 Uhr auf einen Parkplatz gefahren.
  ▨ 2.30 Uhr
  ▨ 3.00 Uhr

b) Dort ▨ haben wir einen Kaffee getrunken.
  ▨ sind wir ein bisschen spazieren gegangen.
  ▨ sind wir auf die Toilette gegangen.

c) Dann sind wir weitergefahren, ▨ und meine Frau hat geschlafen.
  ▨ und die Kinder haben Radio gehört.
  ▨ und wir haben miteinander gesprochen.

d) Um 5.00 Uhr ▨ haben wir die Suchmeldung im Radio gehört.
  ▨ hat uns ein Polizeiauto angehalten.
  ▨ haben wir auf einmal gemerkt: Dirk ist nicht da!

e) Dann ▨ sind wir sofort zurückgefahren und haben Dirk gesucht.
  ▨ haben wir Dirk im Polizeiauto gesehen.
  ▨ haben wir sofort mit der Polizei telefoniert und Dirk abgeholt.

13. Hören Sie noch einmal Dirk.

Die Eltern waren weg, das Auto war weg,
es war dunkel und Dirk war allein.
Was ist dann auf dem Parkplatz passiert?

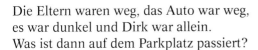

haben	sagen	aufwachen
schlafen	sehen	anrufen
gehen	geben	warten
aussteigen	sein	fragen
kommen	mitnehmen	rufen

Es ___ kalt. Dirk ___ keine Jacke, denn seine Jacke ___ im Auto. Er ___ Angst. Der Parkplatz ___ ganz leer. Dirk ___ zuerst ___: „Hilfe! Hallo!" Dann ___ er eine Bank ___. Dort ___ er ___.

Später ___ dann ein Auto ___. Ein Mann ___ ___. Der Mann ___ Dirk ___: „Was machst du denn hier? Wo sind denn deine Eltern?" Dirk ___ gesagt: „Meine Eltern sind weg! Ich ___ im Auto ___. Dann ___ ich ___ und zur Toilette ___. Und dann ___ das Auto weg."

Der Mann ___ sofort die Polizei ___. Die Polizei ___ Dirk auf die Polizeistation ___. Dort ___ es warm. Die Polizisten ___ sehr nett. Sie ___ Dirk Tee und Kuchen ___. Ein Polizist ___ ___: „So, Dirk, jetzt kommt gleich deine Suchmeldung im Radio. Deine Eltern rufen bestimmt bald an. " Und so ___ es dann auch.

Wien, Donnerstag, den 23. Juni

Liebe Anita,

ich bin gerade drei Tage auf Geschäftsreise in Wien. Die Stadt ist - wie immer -
wunderschön. Diesmal habe ich etwas Zeit. Gestern war ich im Stephansdom. Heute bin
ich im Prater spazieren gegangen, und dann habe ich im Hotel Sacher Kaffee getrunken
und drei (!) Stück Sachertorte gegessen.

Morgen fahre ich wieder nach Hause in meine neue Wohnung. (Hast du schon meine
Adresse? Ahornstraße 52 - Telefon habe ich noch nicht bekommen.) Bis jetzt habe ich ja
viel Pech gehabt in dieser Wohnung. Zuerst sind die Vormieter drei Wochen zu spät
ausgezogen, und dann haben die Handwerker viele Fehler gemacht. Der Maler hat für die
Türen die falsche Farbe genommen, der Tischler hat ein Loch in die Wand gebohrt und
gleich die Elektroleitung kaputtgemacht, und die Teppichfirma hat einen Teppich mit Fehlern
geliefert. Ich habe sofort reklamiert, aber bis jetzt hat es nicht geholfen ... Es hat
wirklich viel Ärger gegeben. Aber mein Nachbar, Herr Driesen, ist sehr nett. Er hat die
Lampen montiert. Die Waschmaschine habe ich selbst angeschlossen. In der Küche
funktioniert jetzt alles.
Willst du nicht nächste Woche mal vorbeikommen?

Bis bald und herzliche Grüße
deine Marianne

14. Was passt zusammen?

1 Marianne	a) fährt Freitag nach Hause.
2 Anita	b) hat die Elektroleitung kaputtgemacht.
3 Die Vormieter	c) hat die falsche Farbe genommen.
4 Der Maler	d) hat die Lampen angeschlossen.
5 Der Tischler	e) hat die Waschmaschine angeschlossen.
6 Die Teppichfirma	f) hat einen Teppich gebracht, aber der hatte Fehler.
7 Der Nachbar	g) hat geholfen.
	h) hatte Probleme mit der Wohnung.
	i) heißt Driesen.
	j) ist eine Freundin von Marianne.
	k) ist für ihre Firma nach Wien gefahren.
	l) ist umgezogen.
	m) sind zu lange in der Wohnung geblieben.
	n) war im Prater.

Marianne Köchling war drei Tage in Wien.
Am Freitagabend kommt sie nach Hause.
An ihrer Wohnungstür findet sie einen Zettel.

*Liebe Frau Köchling,
bitte klingeln Sie
bei Driesen.
Viele Grüsse
Walter Driesen*

15. Was ist passiert?

a) Sehen Sie die Bilder an.
   Was glauben Sie: Was ist passiert?

b) Hören Sie zu und machen Sie Notizen.

c) Was ist wirklich passiert? Erzählen Sie.

2/21

---

der Waschmaschinenschlauch	den Boden wischen	in die Wohnung einsteigen
der Keller	die Polizei Wasser tropfen	
durch die Decke	das Fenster einschlagen ein Geräusch hören	falsch anschließen

Nur einer fragt

● Also, Herr Krause, was haben Sie gestern gemacht?

■ Gestern, Herr Vorsitzender, habe ich nichts gemacht.

● Nun, irgendwas haben Sie doch sicher gemacht.

■ Nein, Herr Vorsitzender, ganz bestimmt nicht.

● Einen Spaziergang, zum Beispiel. Haben Sie nicht wenigstens einen Spaziergang gemacht?

■ Nein, Herr Vorsitzender, ich habe gestern keinen Spaziergang gemacht.

● Nun denken Sie mal ein bisschen nach, Herr Krause …

■ Das tue ich ja, Herr Vorsitzender, ich denke schon die ganze Zeit nach.

● Aha, Sie denken schon die ganze Zeit nach. Wie lange denn schon?

■ Ich weiß nicht … ich denke viel nach, immer wieder denke ich nach.

● Haben Sie vielleicht gestern auch nachgedacht?

■ Ich glaube ja, Herr Vorsitzender.

● Na sehen sie! Sie haben gestern als doch etwas gemacht!

■ Na ja, das heißt …

● Haben Sie gestern nachgedacht, ja oder nein?

■ Ja.

● Na also!

■ Ist das verboten?

● Herr Krause – hier stelle ich die Fragen!

■ Entschuldigung.

● Sie können gehen!

IN DER STADT

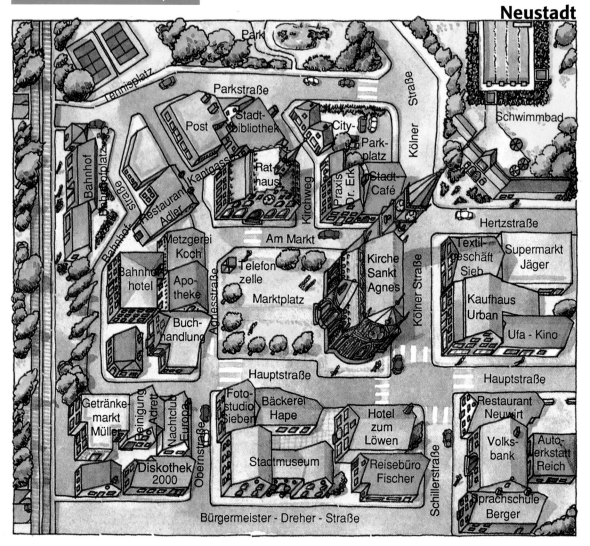

1. Wo sind die Leute gerade? Hören Sie.

§ 16a

der	*die*	*das*
im Getränkemarkt	in der Metzgerei	im Blumengeschäft
im Supermarkt	in der Apotheke	im Textilgeschäft
im Stadtpark	in der Buchhandlung	im Fotostudio
auf dem Bahnhof	in der Bäckerei	im Schwimmbad
am Marktplatz	in der Autowerkstatt	im Kino
	in der Reinigung	im Café
	in der Stadtbibliothek	im Reisebüro
	in der Telefonzelle	im Hotel
	in der Diskothek	im Restaurant
	auf der Post	im Stadtmuseum
	auf der Bank	auf dem Rathaus

Wo?				
(der)	**im**	Getränkemarkt	**auf dem**	Bahnhof
(die)	**in der**	Metzgerei	**auf der**	Bank
(das)	**im**	Kino	**auf dem**	Rathaus

2. Wo kann man in Neustadt …? Dialogübung.

● Wo kann man in Neustadt sein Auto waschen lassen?
▨ In der Autowerkstatt.

● Wo kann man …?
▨ Im …

Blumen, Getränke, Kleidung Fleisch, Wurst, Filme, Bücher, Briefmarken, Brot, Arzneimittel, Lebensmittel	kaufen

sein Auto reparieren seine Wäsche waschen ein Passbild machen seine Kleidung reinigen	lassen

Geld abheben (einzahlen, wechseln)

telefonieren   tanzen   Kaffee trinken

Fahrkarten kaufen   schwimmen

ein Buch leihen (lesen)   einen Film sehen

spazieren gehen   essen   eine Reise buchen

übernachten   einen Pass bekommen

❯ § 47

3. Wohin gehen die Leute? Hören Sie.   2/24

der

in den Getränkemarkt
in den Supermarkt
in den Stadtpark
in den …
auf den Bahnhof

die

in die Metzgerei
in die Apotheke
in die Buchhandlung
in die …
auf die Post
auf die Bank

das

ins Café
ins Textilgeschäft
ins Schwimmbad
ins …
auf das Rathaus

❯ § 16a

a) *ins* f) _____
b) _____ g) _____
c) _____ h) _____
d) _____ i) _____
e) _____

	Wohin?		
(der)	**in den** Getränkemarkt	**auf den**	Bahnhof
(die)	**in die** Metzgerei	**auf die**	Bank
(das)	**ins** Kino	**auf das**	Rathaus

4. Dialogübung.

● Wo kann man in Neustadt ein Passbild machen lassen?
▨ Gehen Sie in das Fotostudio Siebert.
● Wo ist das?
▨ Am …platz.
   In der …straße.

● Wo kann man …?
▨ Gehen Sie …

5. Was möchte Herr Kern erledigen? Wohin geht er?

Herr Kern fährt zum Bahnhof.
Er möchte eine Bahnfahrkarte kaufen.

Er fährt ...

Wohin gehen fahren?			
(der Bahnhof)	**zum** Bahnhof	← in / auf
(die Apotheke)	**zur** Apotheke	← zu
(das Fotogeschäft)	**zum** Fotogeschäft	

- Bahnfahrkarte kaufen
- Paket an Monika schicken
- Geld abheben
- Auto waschen lassen
- Passbild machen lassen
- Aspirin holen
- Mantel reinigen lassen
- Blumen für Oma kaufen
- Bücher zurückgeben
- 4 Koteletts
- 10 Brötchen

6. Herr Kern kommt nach Hause.

2/25

§ 17

Hören Sie das Gespräch.

a) Wo ist Herr Kern gewesen? Was hat er erledigt?

> Er war auf der ... und hat ...

b) Wo ist Herr Kern nicht gewesen?

> Er war nicht ...

c) Was hat Herr Kern noch gemacht? Erzählen Sie.

7. Dialogübung

Sie wohnen noch nicht lange in Neustadt und müssen zehn Dinge erledigen.

Sie besprechen folgende Fragen:
Was müssen wir besorgen/erledigen? Wo gibt es das? Wo ist das? Wer erledigt was?

2/26

a) Hören Sie zuerst ein Beispiel.

b) Sie können folgende Sätze verwenden:

Was	brauchen wir? müssen wir		Wir	brauchen ... müssen ...
		besorgen? erledigen?		
Wo	gibt es das? bekommt man das? ist das?		Im / In der ... Auf dem / Auf der ...	
	kann man das	machen lassen? kaufen? bekommen?	In der ...-straße. Am ...-platz.	
Also, ich gehe	in den / in die / ins ... auf den / auf die / auf das ... zum / zur ...		und	kaufe ... hole ... besorge ... lasse ...

8. Wo ist der ...?

Die Hauptstraße immer geradeaus bis zur Buchhandlung.

Gehen Sie links in die Agnesstraße.

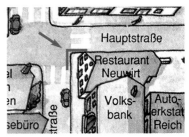

An der Ecke ist ein Restaurant.

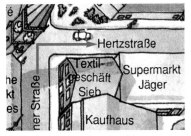

Gehen Sie rechts in die Hertzstraße.

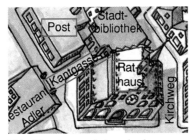

Die Kantgasse ist zwischen der Post und dem Rathaus.

Die Bäckerei ist neben dem Fotostudio Siebert.

● Wo ist das Restaurant Adler?
▨ Am Marktplatz, neben dem Stadt-Café.
● Und die Volksbank, wo ist die?
▨ In der Schillerstraße, zwischen dem Getränke-
markt und der Diskothek 2000.

> neben dem Supermarkt
>
>   zwischen der Post und dem Reisebüro
>   ...

9. Wie komme ich zum Bahnhof?

a) Schlagen Sie den Stadtplan auf S. 94 auf und hören Sie den Dialog.

● Entschuldigen Sie bitte! Wie komme ich zum Bahnhof?
▨ Gehen Sie hier die Schillerstraße geradeaus bis zur Kirche. An der Kirche dann links in die Hauptstraße. Gehen Sie weiter geradeaus bis zur Agnes-straße. An der Ecke ist eine Buch-handlung. Dort dann rechts in die Agnesstraße bis zur Post. Da ist der Bahnhof.
● Also, ich gehe hier ...

b) Hören Sie die Dialoge auf CD oder Kassette. Wiederholen Sie dann die Wegerklärungen.

Also, ich gehe hier ...

2/27

2/28

Hermes
Busreisen
Berlin

Bernd Hermes, Inh.
Stadtrundfahrten in Berlin

Abfahrt täglich 9, 11, 14, 16 Uhr
am Breitscheidplatz

Erwachsene 7 €, Kinder 4,50 €

Das Brandenburger Tor am Pariser Platz.
Hinter dem Tor die Straße „Unter den Linden".

Die Deutsche Staatsoper in der Straße
„Unter den Linden".

Die Quadriga auf dem Brandenburger Tor.
Hinter der Quadriga das Reichstagsgebäude.

Am Potsdamer Platz. Neben dem Hochhaus das Sony-Center (hinter der Kirche);
hinter dem Sony-Center der Fernsehturm.

Die Reste der Mauer zwischen Ost- und
West-Berlin. Bis 1989 hat sie Berlin in zwei
Teile geschnitten.

Der Fernsehturm von Berlin. In der Kugel,
hoch über der Stadt, ein Restaurant. Vor
dem Turm das „Rote Rathaus".

10. Stadtrundfahrt in Berlin.

Hören Sie den Text und machen Sie Notizen.

a) Erzählen Sie. Wohin fährt der Bus? Was machen die Leute?
   Zuerst fährt der Bus zum … Dort … Dann … Danach … Zum Schluss …

b) Ihre Freundin / Ihr Freund ist nicht mitgefahren. Beschreiben Sie die Fahrt.

■ Erzähl mal! Wie war die Fahrt? Was habt ihr gesehen?
● Zuerst sind wir … Dort … Dann …

11. Der Berliner Bär ist das Wappentier von Berlin.

a) Wo steht er? Wo sitzt er?

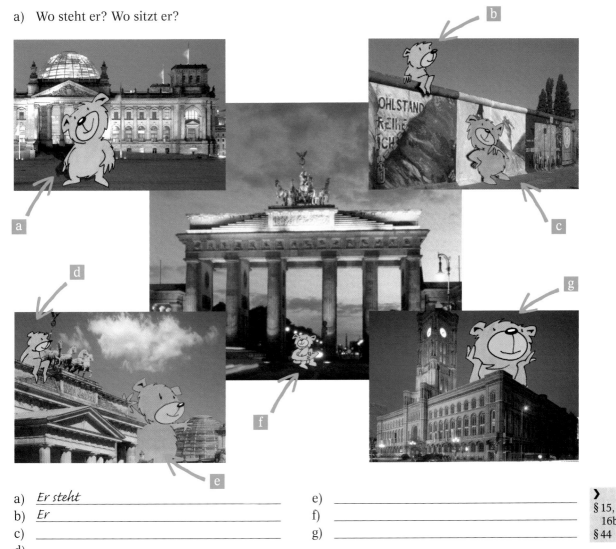

a) _Er steht_ _____
b) _Er_ _____
c) _____
d) _____

e) _____
f) _____
g) _____

§ 15,
   16b)
§ 44

der Reichstag, die Mauer, das Brandenburger Tor, die Quadriga, das Rathaus

b) Was macht der Bär?

| klettern | etwas schreiben | fliegen | gehen | etwas legen | etwas stellen | fahren |

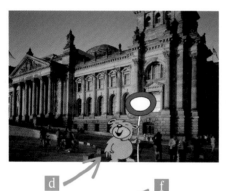

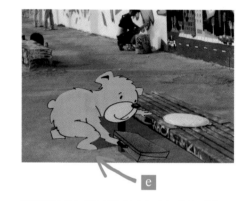

§ 15,
16b), 18
§ 45

a) *Er fliegt* _____

b) *Er* _____

c) _____

d) _____

e) _____

f) _____

g) _____

Alle Wege nach Berlin

Seit 1990 ist Berlin wieder Hauptstadt Deutschlands und ein Verkehrszentrum in der Mitte zwischen West- und Osteuropa.

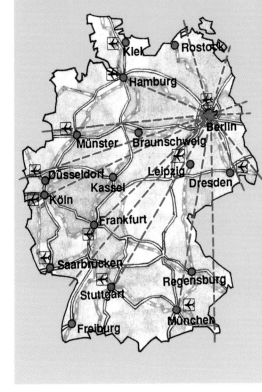

Sie haben die Wahl:

))) Mit dem Flugzeug (((

Auf den drei Berliner Flughäfen Tegel, Tempelhof und Schönefeld starten und landen täglich mehr als 600 Flugzeuge. Es gibt Flugverbindungen in fast alle Länder der Welt. Besonders gut sind die Verbindungen nach Osteuropa.

))) Mit dem Bus (((

Sie können in einer Reisegruppe mit dem Bus nach Berlin fahren, es gibt aber auch Linienbusse nach Berlin. Sie fahren von vielen Städten in Deutschland zum Zentralen Busbahnhof am Funkturm in Berlin-Charlottenburg. Fahrpläne und Auskünfte bekommen Sie in den Reisezentren und Info-Points in den Bahnhöfen und in Reisebüros.

))) Mit dem Auto (((

Von Hamburg, Hannover, Leipzig, Dresden, Frankfurt a.d.Oder und von vielen andern Orten gibt es Autobahnen nach Berlin. Aber auf diesen Autobahnen gibt es auch viel Verkehr! Manchmal sind Sie auf der Bundesstraße schneller – oder noch besser: Sie reisen mit der Bahn.

))) Mit der Bahn (((

Sehr bequem reisen Sie mit der Bahn bis in die Innenstadt von Berlin. Fahrkarten bekommen Sie auf den Bahnhöfen am Schalter, aber auch per Telefon bei der zentralen Auskunft der Bahn oder im Internet über die Homepage der Bahn – und natürlich in vielen Reisebüros.

Flugroute	Autobahn	Bahn
-------	═══════	▪ ▪ ▪ ▪ ▪

12. Wie kommt man nach Berlin?

a) Wie kommt man mit dem Auto   (A) von Saarbrücken nach Berlin?
                                                        (B) von Köln nach Berlin?

    Man fährt von Saarbrücken zuerst nach …, dann über … nach …   Von … fährt man weiter nach …

b) Wie kommt man mit der Bahn   (A) von Freiburg nach Berlin?
                                                        (B) von Düsseldorf nach Berlin?

    Man fährt zuerst nach …, dann über … nach …   Von dort fährt man dann … über … nach …

c) Wie kommt man mit dem Flugzeug   (A) von Regensburg nach Berlin?
                                                        (B) von Kassel nach Berlin?

    Von Regensburg nach Berlin kann man …   Man muss zuerst mit … nach … fahren. Von dort kann …

Berlin 30 Jahre später

Unter den Linden

Eine Schweizer Journalistin berichtet.

Als junge Frau war ich zwei Jahre lang Medizinstudentin an der Freien Universität in Berlin. Jetzt, dreißig Jahre später, komme ich wieder in diese Stadt zurück. Nicht als Ärztin, sondern als Journalistin.
In dreißig Jahren ist viel passiert. Deutschland ist seit 1990 nicht mehr in zwei Staaten geteilt, zwischen West- und Ost-Berlin gibt es keine Mauer mehr. Und Berlin ist jetzt wieder die Hauptstadt Deutschlands.

Ich fahre mit dem Bus zum Platz der Republik. Das Reichstagsgebäude kenne ich noch gut, aber die große Glaskuppel sehe ich zum ersten Mal. Hier im Reichstag arbeitet jetzt das deutsche Parlament, der Bundestag. Nicht weit entfernt stehen die neuen Regierungsgebäude mit dem Bundeskanzleramt.

Reichstagsgebäude

Am Brandenburger Tor war früher die Mauer zwischen Ost- und Westberlin; heute kann ich durch das Tor gehen und bin dann auf der Straße „Unter den Linden". In dieser Straße findet man berühmte Gebäude des alten Berlin: die Humboldt-Universität, die Deutsche Staatsbibliothek, die Deutsche Staatsoper, das Museum für Deutsche Geschichte und viele andere. Die meisten Gebäude hier sehen noch fast so aus wie damals.

Ich gehe durch die Friedrichstraße und die Leipziger Straße zum Potsdamer Platz. Dieser Platz war nach dem Krieg völlig zerstört. Jetzt ist dort alles ganz neu, groß und modern: Die Daimler-City und das Sony Center. In den Cafés, vor den Kinos und in den Einkaufspassagen rund um den neuen Marlene-Dietrich-Platz sieht man Jugendliche neben Rentnern, Deutsche neben Ausländern, Künstler neben Bürgern und Geschäftsleuten.

In einem Café treffe ich einen Kollegen des deutschen Nachrichtensenders n-tv. Er hat früher in Ost-Berlin gelebt. Er sagt: „Klar, wir haben jetzt unsere Freiheit, können frei reisen und unsere Meinung sagen, und die Geschäfte sind voll mit Waren. Und das ist auch gut so. Aber nicht alle können die Reisen und die Waren bezahlen. Viele Leute sind arbeitslos oder verdienen zu wenig. Das bringt soziale Probleme und Konflikte. Hier am Potsdamer Platz ist die Atmosphäre optimistisch, aber das ist nicht das ganze Bild."

Potsdamer Platz

Später treffe ich einen Studenten. Auch er sieht die Probleme: „Wir in Berlin sind eigentlich sehr tolerant: Jeder kann machen, was er will. Aber es gibt natürlich verschiedene Gruppen, und die haben alle verschiedene Interessen. Und immer mehr Menschen kommen in die Stadt, es gibt bald keinen Platz mehr." Eine Frau am Nebentisch hat uns zugehört. Sie sagt: „Nein, das stimmt doch nicht. Wohnungen gibt es hier genug. Aber die Kriminalität steigt. Hier, gerade heute steht es wieder in der Zeitung."

Ich denke an früher, an mein Studium in Berlin. Manches sieht noch so aus wie damals, aber trotzdem, die Atmosphäre ist offener geworden. Jetzt wohnen auch die Berliner im westlichen Teil der Stadt nicht mehr eingeschlossen in einem fremden Land, wie auf einer Insel. Sie können Ausflüge in die schöne Umgebung Berlins machen. Und das tun sie auch: Jedes Wochenende fahren Tausende hinaus ins Brandenburger Land und an die märkischen Seen.

Müggelsee

13. Was ist wahr? Was ist falsch?

a) Die Journalistin hat früher in Berlin studiert.
b) Die Journalistin hat 30 Jahre lang als Ärztin gearbeitet.
c) Das Reichstagsgebäude sieht nicht mehr so aus wie vor 30 Jahren.
d) Es gibt am Brandenburger Tor keine Mauer mehr.
e) Die Humboldt-Universität ist am Alexanderplatz.
f) Die Deutsche Staatsoper ist in der Straße „Unter den Linden".
g) Die Gebäude am Potsdamer Platz sind alle neu.
h) Die Leute im Osten Berlins sind zufrieden, aber sie dürfen nicht reisen.
i) Heute haben alle Menschen in Berlin genug Geld.
j) In Berlin ist man frei und kann sein eigenes Leben leben.
k) Viele Menschen ziehen nach Berlin. Deshalb fehlen Wohnungen.
l) Am Wochenende bleiben die meisten Berliner am liebsten in der Stadt.

wahr   falsch

Hoffnungsvolle Auskunft

– zuerst rechts

2/30 – dann links

– dann wieder rechts

– dann zweihundert Meter geradeaus

– dann bei der Ampel scharf rechts

– dann bis zur zweiten Kreuzung geradeaus

– dann über den Platz weg und dann links

– dann um das Hochhaus herum und bei der
  Tankstelle links halten

– dann fragen Sie noch mal,
  und wenn man Ihnen sagt:

– gehen sie zuerst rechts

– dann links

– dann wieder rechts

– dann zweihundert Meter geradeaus

– dann bei der Ampel scharf rechts

– dann bis zur zweiten Kreuzung geradeaus

– dann über den Platz weg und dann links

– dann in einem Bogen um das Hochhaus
  herum und bei der Tankstelle links halten …

… dann verlieren Sie bitte nicht
die Hoffnung …

Tasche

Kugelschreiber

Ring

Parfüm

Bild

Vase

Briefpapier

GESCHENKE

Buch

Halskette

Blumen

Pfeife

Wecker

Gläser

1. Wünsche, Wünsche

Was möchten Sie gern haben? Was brauchen Sie?

| Ich | trinke viel Kaffee. | Deshalb möchte ich eine Kaffeemaschine haben. |

(viel Musik hören)
(rauchen)
(gern fotografieren)
(viel schreiben)
(oft reisen)
(gern Ski fahren)
(nicht gern Auto fahren)
(gern Tennis spielen)
(Haustiere mögen)
(gern kochen)
(gern Fernsehfilme sehen)
(gern Gäste einladen)
(nicht gern spülen)
(Spanisch lernen)
(immer zu spät aufstehen)
(Auto selber reparieren)
(Campingurlaub machen)
(viele Bücher haben)
(gern Schmuck tragen)
(nach / in die ... fahren)

das Briefpapier
die Katze
die Mikrowelle
die Kamera
die Weingläser
das Bücherregal
das Fahrrad
der Kugelschreiber
die Skibrille
die Zigarette
der Film
der Geschirrspüler
der Koffer
der Wecker

der DVD-Player

die Halskette

das Wörterbuch

die CD

das Parfüm

das Feuerzeug

die Pfeife

der Hund

der Reiseführer

der Computer

das Zelt

die Kaffeemaschine

die Tennisbälle

das Kochbuch

das Werkzeug

der Ring

der Schlafsack

der Discman

2. Was passt zusammen?

Herr Mahlein hat Geburtstag.
Frau Mahlein schenkt ihm einen DVD-Player.

1. Jochen liebt Lisa.
2. Elmar (13) ist nicht gut in Englisch.
3. Yvonne lernt Deutsch.
4. Astrid (5) möchte Rad fahren lernen.
5. Carola (13) und Hans (11) möchten ein Handy kaufen.

a) Der Verkäufer zeigt <u>den Kindern</u> ein Handy.
   Dann empfiehlt er <u>ihnen</u> ein Kartenhandy.
b) Sie stellt <u>dem Lehrer</u> eine Frage.
   Er erklärt <u>ihr</u> den Dativ.
c) Der Vater will <u>dem Jungen</u> helfen.
   Deshalb kauft er <u>ihm</u> eine Sprachkassette.
d) Er kauft <u>der Freundin</u> eine Halskette.
   Er schenkt <u>ihr</u> die Kette zum Geburtstag.
e) Die Mutter kauft <u>dem Kind</u> ein Fahrrad.
   Sie will <u>ihm</u> das Rad schenken.

Was passt?

❭
§ 3, 11
§ 38, 42,
§ 43

Bild	Satz	Sätze
A	2	c
B		
C		
D		
E		

Nom.		Dativ	Akkusativ
Er Sie	zeigt	**dem** Jungen **ihm**	den DVD-Player.
(Es)		**der** Freundin **ihr**	die Kassette.
		dem Kind **ihm**	das Handy.
		den Kindern **ihnen**	die Halskette.

3. Diese Personen haben Geburtstag. Was kann man ihnen schenken?

Gina	gern Schmuck tragen	Gina trägt gern Schmuck. Man kann ihr einen Ring schenken.
Peter	rauchen	Peter …
Frau Kurz	Blumen mögen	
Yussef und Elena	nach Polen fahren	
Luisa	gern Campingurlaub machen	
Jochen	Tennis spielen	
Herr und Frau Manz	gern fotografieren	
Petra	nicht gern Auto fahren	
Bernd	gern kochen	

4. Hören Sie die Dialoge.

2/31-34

a) Hören Sie den Dialog A.
Schreiben Sie ihn dann zu Ende.

● Schau mal, morgen ist die Party bei
Hilde und Georg. Sie haben uns eingeladen.
■ Ach ja, stimmt.
● Was bringen wir ihnen denn mit?
Weißt du nicht etwas?
■ Wir können …

b) Hören Sie die Dialoge B, C und D. Wo sind die Leute eingeladen?
Was schenken sie? Warum? Was schenken sie nicht? Warum nicht?

Sie schenken	ihm ihr ihnen	…, denn	er sie	…	Sie schenken	ihm ihr ihnen	keinen keine kein	…, denn das …

c) Beraten Sie: Was kann man diesen Leuten schenken? Warum?

Doris Lindemann; wird 28; macht Sonntag eine Geburtstagsparty; verheiratet, zwei Kinder; Hausfrau; liest gern, geht gern ins Theater, lädt gern Gäste ein.

Ewald Berger; 45; feiert sein Dienstjubiläum; geschieden, Ingenieur; raucht; kocht gern; spielt Fußball; repariert Autos; seine Kaffeemaschine ist kaputt.

Daniela (26) und Uwe (28) Reiter; geben eine Silvesterparty; wollen in die USA fliegen; spielen Tennis, machen gern Camping; stehen immer zu spät auf; trinken gern Wein.

Liebe Ulla,

ich werde dreißig. Das möchte ich gern mit dir und meinen anderen Freunden feiern. Die Party ist am Freitag, 5. 2., um 20.00 Uhr. Ich lade dich herzlich ein. Hast du Zeit? Bitte antworte mir bis Dienstag oder ruf mich an.

Herzliche Grüße
dein Bernd

5. Ergänzen Sie die Personalpronomen.

> § 11

a) Liebe Sonja, lieber Dirk,
_____ habe meine Prüfung bestanden. Das möchte _____ gern mit _____ und meinen anderen Freunden feiern. Die Party ist am Samstag, 4. 5., um 20.00 Uhr. _____ lade _____ herzlich ein. Habt _____ Zeit? Bitte antwortet _____ bis Donnerstag oder ruft _____ an.
Herzliche Grüße, eure Bettina

b) Sehr geehrter Herr Gohlke,
_____ sind 20 Jahre verheiratet. Das möchten _____ gern mit _____ und Ihrer Frau und unseren anderen Bekannten und Freunden feiern. Die Feier ist am Montag, 16. 6., um 19.00 Uhr. Haben _____ da Zeit? Bitte antworten Sie _____ bis Mittwoch oder rufen Sie _____ an.
Herzliche Grüße,
Ihre Christa und Wolfgang Halster

Personalpronomen		mit + Dativ	
Nom.	**Dativ**		**Akkusativ**
ich	Sie antwortet **mir.**	Eva ruft	**mich** an.
du	**dir**		**dich**
wir	**uns**		**uns**
ihr	**euch**		**euch**
Sie	**Ihnen**		**Sie**

6. Schreiben Sie jetzt selbst einen Einladungsbrief.

	Wen einladen?	Warum?	Wann?
a)	Zwei Freunde von Ihnen	Führerschein gemacht	Samstag um 19 Uhr
b)	eine Arbeitskollegin	aus Kanada zurückgekommen (nach fünf Jahren)	Donnerstag um 20 Uhr
c)	…	…	…

7. **Schreiben Sie jetzt selbst einen Text für einen Comic.**

§ 21

	a) Tisch	b) Bücherregal	c) Schrank
Bild 1	niedrig – hoch	groß – klein	klein – hoch
Bild 2	schmal – breit	das Holz: hell – dunkel	breit – schmal
Bild 3	die Platte: dünn – dick	die Bretter: dünn – dick	das Holz: dunkel – hell

a – ä	lang – länger	a – a	schmal – schmaler langsam – langsamer
o – ö	hoch – höher groß – größer		
u – ü	kurz – kürzer	u – u	dunkel – dunkler
	teuer – teurer		gut – besser

8. Vergleichen Sie die Tische.

	Komparativ	Superlativ
billig	billig**er**	am billig**sten**
groß	größer	am größten
leicht	leichter	am leicht**esten**
breit	breiter	am breit**esten**
gut	**bess**er	am **be**sten

Tisch B ist breiter als Tisch A. Tisch C ist am …
Tisch A ist am billigsten. Tisch B ist … als …

9. Welchen Computer können Sie mir empfehlen?

2/35

❯
§ 21

● Welchen Computer können
  Sie mir empfehlen?
■ Den für 395 Euro.
● Und warum?
■ Der ist am schnellsten.

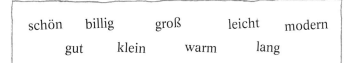

schön   billig   groß   leicht   modern

gut   klein   warm   lang

2/36

❯
§ 12

10. Ich möchte einen Kugelschreiber.

● Guten Tag! Ich möchte einen Kugelschreiber.
  Können Sie mir bitte welche zeigen?
■ Ja gern. Gefällt Ihnen der hier?
  Er kostet 4 Euro 90.
● Nicht schlecht. – Haben Sie
  noch welche?
■ Ja, den hier. Der ist billiger.
  Er kostet 2 Euro 50.
● Der gefällt mir besser, den nehme ich.

Nom.	Akkusativ
Der Kugelschreiber hier,	**den** nehme ich.
	Packen Sie **ihn** bitte ein.
Die Taschenlampe hier,	**die** nehme ich.
	Packen Sie **sie** bitte ein.
Das Feuerzeug hier,	**das** nehme ich.
	Packen Sie **es** bitte ein.

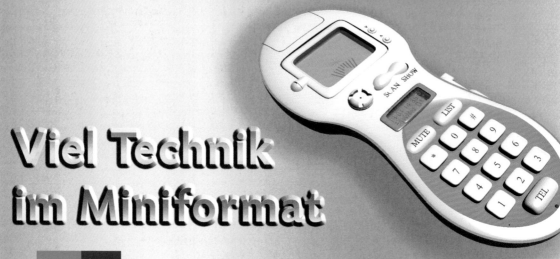

Viel Technik im Miniformat

Das VIDEO Phone ist Handy, Digital-Video-kamera und Scanner in einem Gerät. Zusammen mit dem Speichermodul SuperShelve108 haben Sie eine Dokumentations- und Kommunikationszen-trale im Miniformat für unterwegs und zu Hause.

Das kleine Ding fürs Geschäft

Mit dem VIDEO Phone sagen Sie ganz einfach zu Ihrem Kunden: „Ja, dann schauen wir mal!" Und schon sieht er Ihr Angebot auf dem 3,4"-LCD-Bildschirm, perfekt präsentiert in Bild und Ton. Dokumente scannen Sie mit der eingebauten Kamera und schicken sie per Modem als Text oder Bild auf Ihren Arbeitsplatz-Computer.

Das kleine Ding für die Reise

Sie sind abends im Hotel und möchten wissen, was los ist. Kein Problem für Sie: Mit dem VIDEO Phone ins Internet, und schon bekommen Sie Ihre Informationen, aktuell in Bild und Ton. Dateien herunterladen? Kein Problem – SuperShelve108 bietet 10 Gigabyte Speicherplatz.

Das kleine Ding für die Familie

Sie fragen Ihre Frau und Ihre Kinder: „Wollt ihr euch mal selbst sehen?" Na klar wollen sie. Die Zeit der langweiligen Dia-Vor-träge ist vorbei: Die Videokamera in Ihrem VIDEO Phone hält die Erinnerungen fest und bringt sie auf Ihren Fernseher, lebendig in Bild und Ton.

VIDEO Phone
High-Tech durch und durch.
Von **StrobeLab Digital.**

11. Lesen Sie die Anzeige.

a) Welches Foto und welcher Abschnitt im Text gehören zusammen?

  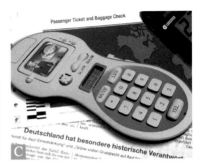

b) Was ist richtig? Was ist falsch?

		richtig	falsch
A	Mit dem Video Phone kann man filmen.		
B	Das Video Phone ist Telefon und Videokamera zusammen.		
C	Mit dem Video Phone kann man Papierfotos herstellen.		
D	Das Video Phone zeigt nur Bilder.		

12. Auf der Fotomesse.

2/37

a) Hören Sie das Gespräch.

b) Beschreiben Sie das Video Phone.

Was kann man mit dem Video Phone machen?   Warum ist das Video Phone praktisch?
Wer kann das Video Phone gut gebrauchen?   Wie funktioniert das Video Phone?

den Kindern Filme zeigen   im Urlaub   Batterie   Strom aus der Steckdose   auf der Reise

zu Hause an den Fernseher anschließen   Akku   leicht   zu Hause   klein   Internet   filmen
herunterladen   Datei

den Kunden Produkte zeigen   in jede Handtasche passen   Filme aufnehmen und sehen

Jetzt bin ich viel glücklicher!

Das war Rüdiger Maaß vor drei Jahren. Da hatte er noch seine Bäckerei mit Café in Hamburg. Er hatte seine Arbeit, er hatte viel Geld, er hatte eine attraktive Frau, eine Stadtwohnung mit Blick auf die Binnenalster und einen teuren Sportwagen.
Und heute? Heute lebt er in einem Dorf in Ostfriesland. Er hat nur wenig Geld, den Sportwagen hat er verkauft, er lebt allein. Was ist passiert? Unsere Mitarbeiterin Paula Diebel hat mit ihm gesprochen.

Paula Diebel: Herr Maaß, Sie waren in Hamburg sehr erfolgreich. Sie haben fantastisch verdient, Ihr Café war bekannt und immer gut besucht, auch in Ihrer Bäckerei waren immer Kunden. Warum sind Sie jetzt hier?

Rüdiger Maaß: Es war eigentlich ein Zufall. Ich habe das Bauernhaus hier geerbt, von einer Tante. Ich habe einen Brief vom Notar bekommen, und in dem Moment habe ich gewusst: Das Leben in der Stadt ist nichts für mich. Die Bäckerei und das Café, die Arbeit, der Stress jeden Tag – das alles war ganz falsch.

P.D.: Und bevor Sie das Haus geerbt haben – waren Sie da noch zufrieden?

Rüdiger Maaß: Ich habe eigentlich nie über mein Leben nachgedacht. Ich habe immer gedacht, es muss so sein. Morgens um vier hat der Wecker geklingelt, da bin ich aufgestanden, jeden Tag, auch Samstag und Sonntag. Feierabend war erst um 19 Uhr, und meine Arbeitswoche hatte sieben Tage. Ich hatte eigentlich überhaupt keine Freizeit.

P.D.: Und was hat Ihre Frau dazu gesagt?

Rüdiger Maaß: Ihr hat das überhaupt nicht gefallen. Sie hat immer wieder zu mir gesagt: „Irgendwann reicht es mir, dann gehe ich weg." Ich habe immer gedacht, sie sagt das nur so, und dann war sie plötzlich wirklich weg.

P.D.: Und was haben Sie da gemacht?

Rüdiger Maaß: Nicht viel. Wir haben noch ein paar Mal telefoniert. Dann haben auch meine Probleme mit der Gesundheit angefangen. Magenschmerzen, Kopfschmerzen, Schlafstörungen. Ich habe immer mehr Medikamente genommen. Zum Schluss bin ich nur noch mit Schlafmitteln eingeschlafen.

P.D.: Und dieses Haus hier hat dann alles verändert?

Rüdiger Maaß: Ja. Verrückt, nicht? Aber ich habe sofort gewusst: „Das ist es! Das ist meine Chance!" Die Bäckerei und das Café habe ich einfach verkauft. Es geht mir jetzt sehr viel besser, ich bin zufriedener und gesünder. Die Luft hier ist viel sauberer als in Hamburg.

P.D.: Und das Geld reicht Ihnen?

Rüdiger Maaß: Ja, es reicht. Ich lebe hier sehr billig. Ich brauche fast nichts, nur manchmal ein Buch oder eine CD. Ich habe nicht einmal ein Telefon im Haus. Und die Garage ist leer, ich fahre nur noch mit dem Fahrrad. „Schnell, schneller, am schnellsten" – das ist vorbei. Mein Motto heute heißt: „Nur kein Stress!"

P.D.: Was haben Ihre Freunde gesagt zu Ihrem Umzug aufs Land?

Rüdiger Maaß: Na ja, die meisten können das nicht verstehen. „Bäcker-Bauer" nennen sie mich. Aber das ist mir egal. Ich bin übrigens kein Bauer. Meine Tante hatte schon lange keine Kühe mehr, nur noch ein paar Hühner und einen Hund, und die habe ich behalten. Zwei Schafe habe ich auch und ein Pferd; das mag ich am liebsten.

P.D.: Ist Ihnen nie langweilig, so allein hier?

Rüdiger Maaß: Nein, Langeweile kenne ich nicht. Mit dem Garten und den Tieren habe ich von März bis Oktober immer eine Beschäftigung. Und ich habe Freunde hier. Allein war ich früher, in Hamburg – hier nicht!

13. Wie hat Rüdiger Maaß früher gelebt?

❯
§ 21

Heute
– hat er ein Bauernhaus.
– gefällt ihm sein Leben besser.
– kann er länger schlafen.
– muss er nicht mehr arbeiten.
– ist er gesünder.
– nimmt er keine Medikamente mehr.
– ist sein Motto: „Nur kein Stress."

Früher
– hatte er eine Bäckerei.
– hat sein Leben ihm ...
– hat der Wecker ...
– hatte er ...
– hat er ...
– hat er ...
– war sein ...

	Komparativ	Superlativ
gern	lieber	am liebsten
gut	besser	am besten
viel	mehr	am meisten

14. Was sagen die Leute?

2/38

Hören Sie zu und ergänzen Sie.
Was ist für die Leute am wichtigsten?

A: „Ich bin am liebsten zu Hause vor meinem _____ ."
B: „Mit meinem _____ kann ich am besten spielen."
C: „Das _____ ist für mich am wichtigsten."
D: „Ohne meine _____ kann ich nicht leben."
E: „Am wichtigsten ist für mich die _____ ."
F: „Mein _____ ist mir am wichtigsten."

15. Und Sie? Was ist für Sie wichtig?

... ist mir	sehr wichtig am wichtigsten nicht wichtig	... finde ich	sehr wichtig unwichtig völlig überflüssig
... brauche ich	unbedingt jeden Tag nicht nie	ohne ... kann ich nicht	leben arbeiten einschlafen ...

Handy   Klavier   Auto   Uhr   Radio   Pfeife

Bücherregal   Discman

Kaffeemaschine

Computer

Hund   Fotoapparat

Garten   Geschirrspüler

Motorrad   Bücher   Fernseher   Mikrowelle   Telefon   Musik

Der große Mediovideoaudiotelemax

2/39

Der große Mediovideoaudiotelemax,
meine Damen und Herren,
ist technisch perfekt
und kann einfach alles.
Er kann rechnen,
Sie selber
brauchen also nicht mehr rechnen.
Er kann hören,
Sie selber
brauchen also nicht mehr hören.
Er kann sehen,
Sie selber
brauchen also nicht mehr sehen.
Er kann sprechen,
Sie selber
brauchen also nicht mehr sprechen.
Er kann sogar denken,
Sie selber
brauchen also nicht mal mehr denken.
Der große Mediovideoaudiotelemax,
meine Damen und Herren,
ist einfach vollkommen.
Verlassen Sie sich
auf den großen Mediovideoaudiotelemax,
meine Damen und Herren,
und finden Sie endlich Zeit
für
sich selber.

DEUTSCHE SPRACHE

„Deutschland" von einem japanischen Schüler aus Toyohashi

DEUTSCHE KULTUR

UND

1. Deutschland, Österreich, die Schweiz: Was ist das für Sie?

Thyssen   Austrian Airlines
Audi   Bosch   Dr. Oetker
BASF   Hoechst   Porsche
Opel   Boss   Puma   Nestlé
Ritter Sport   Krupp   …

Heinrich Böll
Max Frisch
Gotthold Ephraim Lessing
Gottfried Keller   …

Richard Wagner
Johann Strauß
Georg Philipp Telemann
…

Rübezahl
Wilhelm Tell
…

Gottlieb Daimler
Sigmund Freud
…

Karl Marx
Martin Luther
…

Franz Beckenbauer
Steffi Graf
Michael Schumacher   …

Marlene Dietrich
Oskar Werner
Ursula Andress   …

Salzburg   Leipzig   Basel
Heidelberg   Essen
Hamburg   …   Köln

Gerhard Schröder
Wolfgang Schüssel
…   Konrad Adenauer

Friedensreich Hundertwasser
Hans Holbein
Ferdinand Hodler   …

Frankfurter Würste
Wiener Schnitzel   Fondue
Müller-Thurgau
Ovomaltine
…   Salzburger Nockerln

2. Was kennen Sie außerdem? Berichten Sie.

Sie können auch ein Fragespiel machen: „Was ist …?" / „Wer war …?" / „Wie heißt …?" / …

… ist	die Hauptstadt von	Deutschland
	eine Stadt in	Österreich
	eine Firma in	der Schweiz
	eine Fluglinie in	
	ein Gericht aus	
	…	

… stellt	Lebensmittel	her
	Autos	
	Stahlprodukte	
	Chemieprodukte	
	Elektrogeräte	
	Motorräder	
	Sportkleidung	
	…	

… ist	Schriftsteller / Maler
… war	Komponist / Politiker
	Sportlerin / Schauspieler
	Wissenschaftler
	…
	Deutsche / Deutscher
	Österreicherin / Österreicher
	Schweizerin / Schweizer

… hat	… geschrieben
	… komponiert
	… gemalt
	… gespielt
	… erfunden
	… entdeckt

3. Personen-Quiz: Große Namen

a) Hören Sie zu. Welche Daten gehören zu Person Nr. 1?

2/40-41

Person Nr. 1

Person Nr. 2

28. 8. 1749:	in Frankfurt am Main geboren
27. 1. 1756:	in Salzburg geboren
	Sein Vater war Beamter.
	Sein Vater war Komponist.
1768:	Studium in Leipzig
1769–1771:	Reise nach Italien
1770–1771:	Studium in Straßburg
1771–1779:	Salzburg
1776:	endgültig in Weimar
1779–1780:	Reise in die Schweiz
1781:	endgültig in Wien
1782:	Heirat
1790:	Reise nach Italien
5. 12. 1791:	in Wien gestorben
1807:	Heirat
1815:	Minister
22. 3. 1832:	in Weimar gestorben
	Werke: z. B. Die Zauberflöte, Krönungsmesse, Jupiter-Sinfonie
	Werke: z. B. Werther, Faust, Wilhelm Meister

b) Wie heißt die Person Nr. 1?

c) Die anderen Daten gehören zu Person Nr. 2. Wie heißt diese Person? (Lösungen Seite 147)

d) Erzählen Sie:
„Am … ist … in … geboren. Sein Vater war …
Im Jahr … hat … eine Reise … gemacht. …"

4. Machen Sie selbst ein Quiz.

Wählen Sie eine berühmte Person. Suchen Sie Informationen im Internet oder im Lexikon.

Fangen Sie z. B. so an:

„Meine Person ist eine Frau. Sie ist am … in … geboren."
Machen Sie nach jeder Information eine Pause; da können die anderen raten.

Geben Sie höchstens acht Informationen.

Das Datum
der **erste** Januar – am **ersten** Januar
der zwei**te** Januar – am zwei**ten** Januar

Die Jahreszahlen
1749: siebzehnhundertneunundvierzig
1996: neunzehnhundertsechsundneunzig
2003: zweitausenddreidrei

Die deutschsprachigen Länder

›
§ 10

Deutsch spricht man in Deutschland, Österreich, in einem Teil der Schweiz, im Fürstentum Liechtenstein und – neben Französisch und Luxemburgisch – im Großherzogtum Luxemburg. Aber auch in anderen Ländern gibt es Bevölkerungsgruppen, die Deutsch sprechen, in Europa zum Beispiel in Frankreich, Belgien, Dänemark, Italien, Polen und in der GUS.

Deutschland, Österreich und die Schweiz sind föderative Staaten: Die „Schweizerische Eidgenossenschaft" („Confœderatio Helvetica" – daher das Autokennzeichen CH) besteht aus 26 Kantonen, die Republik Österreich („Austria", Autokennzeichen A) aus 9 Bundesländern und die Bundesrepublik Deutschland aus 16 Bundesländern. Ein Kuriosum: Die Städte Bremen, Hamburg, Berlin und Wien sind auch Bundesländer.

›
§ 4

In der Schweiz gibt es vier offizielle Sprachen. Französisch spricht man im Westen des Landes, Italienisch vor allem im Tessin, Rätoromanisch in einem Teil des Kantons Graubünden und Deutsch im großen Rest der Schweiz. Die offizielle Sprache Deutschlands und Österreichs ist Deutsch, aber es gibt auch Sprachen von Minderheiten: Friesisch an der deutschen Nordseeküste, Dänisch in Schleswig-Holstein, Sorbisch in Sachsen und, im Süden und Osten Österreichs, Slowenisch (in Kärnten) und Kroatisch und Ungarisch (im Burgenland).

Natürlich ist die deutsche Sprache nicht überall gleich: Im Norden klingt sie anders als im Süden, im Osten sprechen die Menschen mit einem anderen Akzent als im Westen. In vielen Gebieten ist auch der Dialekt noch sehr lebendig. Aber Hochdeutsch versteht man überall.

Der Genitiv	
der Kanton	in einem Teil **des** Kanton**s**
die Schweiz	im großen Rest **der** Schweiz
das Land	im Westen **des** Land**es**

5. Berichten Sie: Sprachen in Ihrem Land.

In … spricht man …
Die offizielle Sprache ist …
Aber es gibt auch …
Die meisten Leute sprechen …

6. Welche Informationen gibt die Landkarte?

a) Ergänzen Sie die Sätze.
Das größte deutsche Bundesland ist …
Düsseldorf ist die Hauptstadt von …
Schleswig-Holstein liegt zwischen der … und der …
Salzburg ist der Name einer Stadt und eines … in Österreich.
Das Fürstentum Liechtenstein hat eine Grenze zu … und zu …

b) Beantworten Sie die Fragen.

– Wie viele Nachbarländer hat die Bundesrepublik Deutschland? Wie heißen sie?

– Was meinen Sie: Welche deutschen Bundesländer gehören
zu │ Norddeutschland
│ Westdeutschland?
│ Ostdeutschland?
│ Süddeutschland?

> § 7

– Welche Bundesländer haben eine Grenze zu │ Polen?
│ Frankreich?
│ Ungarn?

– Welche Bundesländer haben keine Grenzen zum Ausland?

– Welche Bundesländer haben eine Küste?

– Durch welche Bundesländer fließt die Elbe?

– Durch welche Staaten fließt │ der Rhein?
│ die Donau?

c) Suchen Sie weitere Informationen.

Wahrzeichen

1. Die größte Kirche in Deutschland ist der Kölner Dom. 1248 hat man mit dem Bau angefangen; erst 1880 war er fertig. (Von 1560 bis 1842 hat man aber nicht weitergebaut.)

2. Nur wenige Jahre nach dem Tod Wilhelms I. hat man in Berlin die Kaiser-Wilhelm-Gedächtniskirche gebaut. Heute ist die Ruine des Kirchturms ein Denkmal für den Frieden.

3. Das ist die Sankt-Michaeliskirche in Hamburg. Die Hamburger nennen sie einfach den „Michel". Auch der Hafen ist ein Wahrzeichen dieser Stadt.

4. Das Hofbräuhaus braut schon seit 1589 Bier, aber das Gebäude ist vom Ende des 19. Jahrhunderts. Bis zu 30000 Gäste pro Tag trinken hier ihr Bier und singen: „In München steht ein Hofbräuhaus."

5. In Dresden steht der Zwinger, ein Barockschloss aus den Jahren 1710 bis 1732. Nach dem Krieg war der Zwinger zerstört, seit 1964 kann man ihn wieder besichtigen.

6. Der Zeitglockenturm, „de Zytglogge", wie die Schweizer sagen, steht in der Altstadt von Bern. Jede Stunde kommen die Touristen und bewundern die astronomische Uhr.

7. Dieses Riesenrad im Wiener Prater hat der Engländer W. B. Basset in nur acht Monaten gebaut. Es ist 61 Meter hoch. Im Juni 1897 sind die Wiener zum ersten Mal darin gefahren.

8. Frankfurt am Main ist nicht nur als Messestadt berühmt. Frankfurts Wahrzeichen ist der Römerberg mit seinen historischen Häusern. Der „Römer" ist der Sitz des Stadtparlaments.

7. **Bilder und Texte – was passt zusammen?**

Bild	A	B	C	D	E	F	G	H
Text								

8. Deutsch aus acht Regionen.

a) Lesen Sie den Dialog.

● Guten Tag, entschuldigen Sie bitte …
▨ Guten Tag.
● Wie komme ich bitte zu …?
▨ Ja also, das ist ganz einfach. Passen Sie auf:
  Sie gehen hier geradeaus bis zum Gasthaus.
  Sehen Sie das?
● Ja …
▨ Gut. Da gehen Sie links und dann die
  zweite Straße rechts. Und dann sind Sie
  schon vor …
● Vielen Dank.
▨ Bitte schön.
● Auf Wiedersehen.
▨ Auf Wiedersehen.

b) Hören Sie jetzt 8 Varianten des Dialogs. Wo spielen sie?

2/42-49

Dialog 1: _____   Dialog 5: _____
Dialog 2: _____   Dialog 6: _____
Dialog 3: _____   Dialog 7: _____
Dialog 4: _____   Dialog 8: _____

> Dresden Bern Hamburg Frankfurt
> Wien München Berlin Köln

c) Wo sagt man ?

… statt „Guten Tag":	… statt „Auf Wiedersehen":	… statt „Gasthaus":
Grüezi! in _____	Tschüs! in _____	Beisl in _____
Grüß Gott! in _____	Servus! in _____	Kneipe in _____
Moin! in _____	Uf Widerluege! in _____	Wirtshaus in _____

9. Eine Sache – viele Namen:

Frikadelle
Bulette (Berlin)
Grillete (Ostdeutschland)
Fleischpflanzerl (Bayern)
Fleischlaberl (Österreich)
Fleischchüechli (Schweiz)

Brötchen
Mutschli / Semmeli (Schweiz)
Semmel (Süddeutschland, Österreich)
Schrippe (Berlin)

Schlagsahne
Schlagrahm (Süddeutschland)
Gschwungne Nidel (Schweiz)
Schlagobers (Österreich)

Pfannkuchen
Reibeplätzchen (Westdeutschland)
Reiberdatschi (Österreich, Bayern)
Kartoffelpuffer (Westfalen)
Gromperekichelcher (Luxemburg)

Das „Herz Europas"

Blau liegt er vor uns, der Bodensee – ein Bindeglied für vier Nationen: für seine Uferstaaten Deutschland, die Schweiz und Österreich, und – ganz in der Nähe – Liechtenstein. 150 Kilometer des Ufers gehören zu Baden-Württemberg, 18 km zu Bayern, 29 km zu Österreich und 69 km zur Schweiz. Hier praktiziert man schon lange die Vereinigung Europas.

Wie selbstverständlich fährt man von Konstanz aus mal ku ins schweizerische Gottlieben zum Essen; die Österreich können zu Fuß zum Oktoberfest nach Lindau gehen; d Schweizer kommen mit der Fähre nach Friedrichshafen zu Einkaufen. Das war schon vor 100 Jahren so. Damals habe Bodensee-Hoteliers den „Internationalen Bodensee-Verkeh verein" (IBV) gegründet. Und der existiert heute noch. Der Bodensee ist 538 Quadratkilometer groß. Zwischen Boc man in Deutschland und Bregenz in Österreich ist er 63 Kilo

> § 18

Präpositionen mit **Akkusativ**:

Der Rhein fließt **durch den See.**
Es gibt Berge (rund) **um den See.**

10. Zahlen im Text. – Ergänzen Sie.

2: Es gibt zwei ...
3: Die drei Staaten ... Es gibt drei ...
4: ...

14: ...	63: ...	150: ...	300: ...
18: ...	69: ...	200: ...	538: ...
29: ...	100: ...	252: ...	1064: ...

...eter lang, zwischen Friedrichshafen und Romanshorn in der ...chweiz 14 Kilometer breit. Am tiefsten ist er südlich von Im-...enstaad: 252 m. Durch den Bodensee fließt der Rhein. ...ußerdem fließen mehr als 200 weitere Flüsse und Bäche in ...en See. Der Wanderweg um den Bodensee ist 316 Kilometer ...ng, der Radweg ungefähr 300 km.
...s gibt zwei Autofähren (Konstanz-Meersburg und Friedrichs-...afen-Romanshorn), und zwischen Mai und Oktober kann ...an mit dem Schiff praktisch jede Stadt und jedes Dorf am

Bodensee erreichen. Die Schifffahrtslinien betreiben die drei Staaten gemeinsam. Drei große Inseln gibt es im See: Reichenau, Mainau und die Stadt Lindau.
Die deutsch-schweizerische Grenze liegt zwischen Konstanz und Kreuzlingen, die österreichisch-schweizerische zwischen Bregenz und Rorschach und die deutsch-österreichische zwischen Lindau und Bregenz. Berge gibt es überall rund um den See. Südlich des Bodensees fangen die Alpen an. Am schönsten ist der Blick auf den See vom Pfänder (1064 m hoch)

11. In welchem Land liegt ...

Rorschach?   Kreuzlingen?   der Pfänder?   Hagnau?

Friedrichshafen?   Bodman?   Konstanz?

Meersburg?   Uhldingen?   Romanshorn?   Bregenz?

Größenangaben

Der	See	ist ... Meter	groß.
	Berg		lang.
			breit.
			hoch.
			tief.

12. Urlaub am Bodensee

2/50

a) Hören Sie zu und kreuzen Sie an.

Herr Grasser ist

☐ Liechtensteiner.
☐ Schweizer.
☐ Luxemburger.

Seit wann macht er Urlaub
am Bodensee?

☐ Seit einem Jahr.
☐ Seit neun Jahren.
☐ Seit zehn Jahren.

Wo hat er früher Urlaub
gemacht?

☐ An der Nordsee.
☐ An der Côte d'Azur.
☐ In den Alpen.

Was isst er gern?

☐ Fisch aus dem Bodensee.
☐ Fisch aus dem Rhein.
☐ Fisch aus der Mosel.

Bis Meersburg sind es

☐ drei Kilometer.
☐ fünf Kilometer.
☐ zwölf Kilometer.

Was macht er am liebsten?

☐ Wandern.
☐ Segeln.
☐ Rad fahren.

Wie wohnt er?

☐ In einer Pension.
☐ In einem Hotel.
☐ In einem Appartment.

b) Über welche Sehenswürdigkeiten spricht Herr Grasser außerdem? Kreuzen Sie an.

☐ Auf die „Blumeninsel"
Mainau kommt man über eine
Brücke. Hier wachsen Palmen,
Kakteen und Orchideen.

☐ Die Bregenzer Festspiele:
Auf der Seebühne spielt man
„La Bohème".

☐ Das Zeppelin-Museum in
Friedrichshafen: Am 2. 7. 1900
ist hier der erste Zeppelin geflogen.

☐ Ein Pfahlbaudorf bei Un-
teruhldingen: So haben die
Menschen hier vor 6000 Jahren
gelebt.

☐ Das Kloster Birnau: Auch
heute noch arbeiten die Mön-
che im Weinbau.

☐ Der Rheinfall bei Schaffhausen: Der Rhein fällt hier 21
Meter tief.

2/51

Liebe in Berlin

Otto Inge – ick muss dir wat sahrn …
Inge Wat denn?
Otto Tja, wie soll ick det jetzt sahrn …
Inge Weeß ick ooch nich.
Otto Ick wollte dir sahrn, weeßte … also, ick liebe dir.
Inge Mir?
Otto Ährlich!
Inge Det is dufte, wie de det sahrst, aba det is nich janz richtich.
Otto Wat denn – gloobste mir det nich?
Inge Doch, ick gloob dir det, aba det is nich janz richtich, vastehste.
Otto Nee.
Inge Du sahrst, ick liebe dir, un det is falsch, vastehste.
Otto Nee, aba det is mir jetzt ooch ejal.
Inge Na ja, wenn ick dir ejal bin …
Otto Nee, Inge, du bis mir nich ejal, ick hab dir doch jesacht, det ick dir liebe.
Inge Ja, aba det is falsch, det du mir liebst. Ick meene …
Otto Ick vastehe, ick soll dir richtich lieben!
Inge Jenau! Siehste, Otto, un jetzt liebe ick dir ooch.

Artikel und Nomen

§ 1 Nominativ

		definiter Artikel		indefiniter Artikel positiv		negativ	
Singular	Maskulinum	der	Tisch	ein	Tisch	kein	Tisch
	Femininum	die	Lampe	eine	Lampe	keine	Lampe
	Neutrum	das	Bild	ein	Bild	kein	Bild
Plural	Maskulinum	die	Tische	–	Tische	keine	Tische
	Femininum	die	Lampen	–	Lampen	keine	Lampen
	Neutrum	die	Bilder	–	Bilder	keine	Bilder

 Artikel im Plural: Maskulinum = Femininum = Neutrum

§ 2 Akkusativ

		definiter Artikel		indefiniter Artikel positiv		negativ	
Singular	Maskulinum	den	Salat	einen	Salat	keinen	Salat
	Femininum	die	Suppe	eine	Suppe	keine	Suppe
	Neutrum	das	Ei	ein	Ei	kein	Ei
Plural	Maskulinum	die	Salate	–	Salate	keine	Salate
	Femininum	die	Suppen	–	Suppen	keine	Suppen
	Neutrum	die	Eier	–	Eier	keine	Eier

Zum Vergleich:

Nominativ			*Akkusativ*		
Das ist	ein Tisch,		Ich kaufe	einen	Tisch.
das ist	kein Stuhl.		Ich brauche	keinen	Stuhl.
	Der Tisch	kostet 100 €.	Ich nehme	den	Tisch.
Das ist	eine Lampe,		Ich kaufe	eine	Lampe.
das ist	keine Kamera.		Ich brauche	keine	Kamera.
	Die Lampe	ist praktisch.	Ich nehme	die	Lampe.
Das ist	ein Bild,		Ich kaufe	ein	Bild.
das ist	kein Foto.		Ich brauche	kein	Foto.
	Das Bild	ist neu.	Ich nehme	das	Bild.
Das sind	Tische,		Ich kaufe		Tische.
das sind	keine Stühle.		Ich brauche	keine	Stühle.
	Die Tische	kosten 100 €.	Ich nehme	die	Tische.

Dativ   § 3

		definiter Artikel		indefiniter Artikel positiv		negativ	
Singular	Maskulinum	dem	Garten	einem	Garten	keinem	Garten
	Femininum	der	Terrasse	einer	Terrasse	keiner	Terrasse
	Neutrum	dem	Fenster	einem	Fenster	keinem	Fenster
Plural	Maskulinum	den	Gärten	–	Gärten	keinen	Gärten
	Femininum	den	Terrassen	–	Terrassen	keinen	Terrassen
	Neutrum	den	Fenstern	–	Fenstern	keinen	Fenstern

Zum Vergleich:

Nominativ   *Dativ*

Der Garten	ist groß.	Die Kinder spielen in	dem	Garten	(im Garten).
Die Terrasse	ist neu.	Die Kinder spielen auf	der	Terrasse.	
Das Fenster	ist groß.	Die Kinder spielen an	dem	Fenster	(am Fenster).
Die Fenster	sind groß.	Die Kinder spielen an	den	Fenstern.	

 Dativ Plural: Nomen + -(e)n; *Ausnahme: Nomen mit Plural auf* -s: *in den Autos*

Genitiv   § 4

		definiter Artikel		indefiniter Artikel positiv		negativ	
Singular	Maskulinum	des	Malers	eines	Malers	keines	Malers
	Femininum	der	Stadt	einer	Stadt	keiner	Stadt
	Neutrum	des	Landes	eines	Landes	keines	Landes
Plural	Maskulinum	der	Maler			keiner	Maler
	Femininum	der	Städte		*	keiner	Städte
	Neutrum	der	Länder			keiner	Länder

 * Form existiert nicht;
stattdessen: von + Dativ: *Die Bilder von Malern des 19. Jahrhunderts ...*

Zum Vergleich:

Nominativ   *Genitiv*

Der Maler	lebt in Deutschland.	Die Bilder	des Malers	sind berühmt.
Die Stadt	heißt Köln.	Das Wahrzeichen	der Stadt	ist der Dom.
Das Land	liegt in Europa.	Die Hauptstadt	des Landes	ist Bern.
Die Länder	liegen in Europa.	Die Hauptstädte	der Länder	sind berühmt.

§ 5 Übersicht: Definiter Artikel und Nomen

	Mask.		Fem.		Neutr.		Plural	
Nominativ	der	Mann	die	Frau	das	Kind	die	Männer / Frauen / Kinder
Akkusativ	den	Mann	die	Frau	das	Kind	die	Männer / Frauen / Kinder
Dativ	dem	Mann	der	Frau	dem	Kind	den	Männern / Frauen / Kindern
Genitiv	des	Mannes	der	Frau	des	Kindes	der	Männer / Frauen / Kinder

§ 6 Possessivartikel

a) Zum Vergleich:

		Maskulinum		Femininum		Neutrum			Plural	
		ein	Tisch	eine	Uhr	ein	Bild		–	Bilder
ich:	Das ist	mein	Tisch	meine	Uhr	mein	Bild	Das sind	meine	Bilder
du:	Das ist	dein	Tisch	deine	Uhr	dein	Bild	Das sind	deine	Bilder
er:	Das ist	sein	Tisch	seine	Uhr	sein	Bild	Das sind	seine	Bilder
sie:	Das ist	ihr	Tisch	ihre	Uhr	ihr	Bild	Das sind	ihre	Bilder
Sie:	Das ist	Ihr	Tisch	Ihre	Uhr	Ihr	Bild	Das sind	Ihre	Bilder

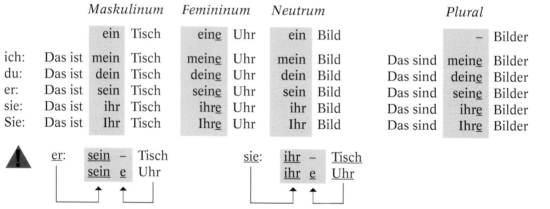

er: sein – Tisch   sie: ihr – Tisch
     sein e Uhr   ihr e Uhr

b) Übersicht:

	Nominativ			Akkusativ			Dativ			Genitiv		
ich:	mein			mein			mein			mein		
du:	dein			dein			dein			dein		
Sie:	Ihr			Ihr			Ihr			Ihr		
er:	sein			sein			sein			sein		
sie:	ihr	–	Tisch	ihr	en	Tisch	ihr	em	Tisch	ihr	es	Tisches
es:	sein	e	Uhr	sein	e	Uhr	sein	er	Uhr	sein	er	Uhr
		–	Bild		–	Bild		em	Bild		es	Bildes
wir:	unser			unser			unser			unser		
ihr:	euer*			euer*			euer*			euer*		
Sie:	Ihr			Ihr			Ihr			Ihr		
sie:	ihr			ihr			ihr			ihr		

 * Man sagt: eure Uhr, euren Tisch usw.; aber: euer Tisch, euer Bild usw.

Frageartikel: Welcher? §7

| Der | Fluss fließt durch Hamburg. |
| Welcher | Fluss fließt durch Hamburg? |

| Die | Sportlerin hat gewonnen. |
| Welche | Sportlerin hat gewonnen? |

| Das | Bundesland hat keine Küste. |
| Welches | Bundesland hat keine Küste? |

| Die | Bundesländer haben keine Küste. |
| Welche | Bundesländer haben keine Küste? |

	Maskul.	Femin.	Neutrum	Plural
Nom.	welcher	welche	welches	welche
Akk.	welchen	welche	welches	welche
Dat.	welchem	welcher	welchem	welchen
Gen.	welches	welcher	welches	welcher

Null-Artikel und Mengenangaben §8

				Null-Artikel	+ Nomen
Was trinkt	Herr Martens?		Er trinkt		Kaffee.
Was isst	Herr Martens?		Er isst		Suppe.
Was kauft	Herr Martens?		Er kauft		Kartoffeln.

				Mengenangaben	+ Nomen
Wie viel	Kaffee	trinkt Herr Martens?	Er trinkt	zwei Tassen	Kaffee.
Wie viel	Suppe	isst Herr Martens?	Er isst	einen Teller	Suppe.
Wie viel	Kartoffeln	kauft Herr Martens?	Er kauft	ein Kilogramm	Kartoffeln.

Man sagt auch:
Ich nehme einen Kaffee. (= eine Tasse Kaffee); … eine Suppe (= einen Teller Suppe)

§ 9   Pluralformen

Darstellung in der Wortliste

Genus der Nomen

r Tisch   = der Tisch
e Lampe   = die Lampe
s Foto   = das Foto

Genus und Plural

r Tisch, -e   = der Tisch, die Tische
e Lampe, -n   = die Lampe, die Lampen
s Foto, -s   = das Foto, die Fotos

Plural der Nomen

Pluralzeichen	Singular-Form	Plural-Form
-e	Tisch	Tische
¨e	Stuhl	Stühle
-n	Lampe	Lampen
-en	Uhr	Uhren
-	Stecker	Stecker
¨	Mutter	Mütter
-er	Bild	Bilder
¨er	Land	Länder
-s	Foto	Fotos

§ 10   Ländernamen

Ländernamen ohne Artikel:

Ich fahre nach | Deutschland
Österreich
Frankreich
Dänemark
...
Afrika
Europa
...

Ländernamen mit Artikel:

Ich fahre in | die Bundesrepublik Deutschland
die Schweiz
die Türkei
die GUS *(Singular!)*
die USA *(Plural!)*
die Niederlande *(Plural!)*
...

Ich komme aus | Deutschland
Österreich
Frankreich
Dänemark
...
Afrika
Europa
...

Ich komme aus | der Bundesrepublik Deutschland
der Schweiz
der Türkei
der GUS *(Singular!)*
den USA *(Plural!)*
den Niederlanden *(Plural!)*

Pronomen

Personalpronomen§ 11

		Nominativ	Akkusativ	Dativ
Singular	1. Person	ich	mich	mir
	2. Person	du	dich	dir
	Höflichkeitsform	Sie	Sie	Ihnen
	3. Person Mask.	er	ihn	ihm
	Fem.	sie	sie	ihr
	Neutr.	es	es	ihm
Plural	1. Person	wir	uns	uns
	2. Person	ihr	euch	euch
	Höflichkeitsform	Sie	Sie	Ihnen
	3. Person	sie	sie	ihnen

Definitpronomen§ 12

	definiter Artikel		Definitpronomen	
			Nominativ	Akkusativ
Maskulinum	der	Schrank	der	den
Femininum	die	Kommode	die	die
Neutrum	das	Regal	das	das
Plural	die	Stühle	die	die

Zum Vergleich:

Definiter Artikel – Definitpronomen – Personalpronomen

Der Schrank hier, ist der nicht schön? – Ja. Aber er ist teuer.
Die Kommode hier, ist die nicht schön? – Ja. Aber sie ist teuer.
Das Regal hier, ist das nicht schön? – Ja. Aber es ist teuer.

Siehst du den Schrank? Wie findest du den? Ich finde ihn schön.
Siehst du die Kommode? Wie findest du die? Ich finde sie schön.
Siehst du das Regal? Wie findest du das? Ich finde es schön.

§ 13 Indefinitpronomen

	indefiniter Artikel	*Indefinitpronomen (positiv/negativ)*	
		Nominativ	*Akkusativ*
Maskulinum	ein Schrank	einer / keiner	einen / keinen
Femininum	eine Kommode	eine / keine	eine / keine
Neutrum	ein Regal	eins / keins	eins / keins
Plural	– Stühle	welche / keine	welche / keine

Ist das ein Schrank? – Ja, das ist einer. / Nein, das ist keiner.
Haben Sie einen Schrank? – Ja, ich habe einen. / Nein, ich habe keinen.

 Plural: Haben Sie Regale? – Ja, ich habe welche. / Nein, ich habe keine.

§ 14 Generalisierende Indefinitpronomen

		Nominativ		*Akkusativ*	
Personen	*positiv*	Dort ist	jemand.	Ich sehe	jemanden.
	negativ	Dort ist	niemand.	Ich sehe	niemanden.
Sachen	*positiv*	Dort ist	etwas.	Ich sehe	etwas.
	negativ	Dort ist	nichts.	Ich sehe	nichts.

Präpositionen

§ 15 Lokale Präpositionen

vor   neben   an   hinter   von   nach

unter   in   auf   über   gegen

aus   zu   um   durch   zwischen

Wechselpräpositionen

a) Zum Vergleich:

Wo? *(situativ)*

Wo ist Michael?	Er ist	auf	<u>dem</u> Balkon.
	Er ist	an	<u>der</u> Tür.
	Er ist	in	<u>dem</u> Haus.

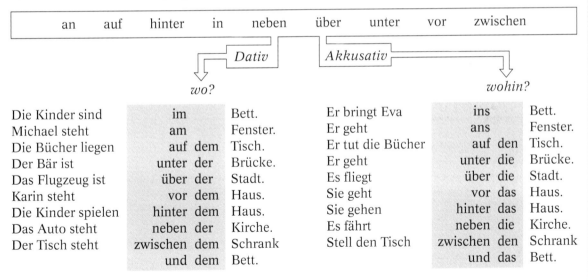

auf	
an	+ Dativ
in	

⚠ in de<u>m</u> → im: (Er ist <u>in dem</u> Haus.) →   Er ist <u>im</u> Haus.
   an de<u>m</u> → am: (Er ist <u>an dem</u> Fenster.) →   Er ist <u>am</u> Fenster.

Wo Wohin? *(direktiv)*

Wohin geht Michael?	Er geht	auf	<u>den</u> Balkon.
	Er geht	an	<u>die</u> Tür.
	Er geht	in	<u>das</u> Haus.

auf	
an	+ Akkusativ
in	

⚠ in da<u>s</u> → ins: (Er geht <u>in das</u> Haus.) →   Er geht <u>ins</u> Haus.
   an da<u>s</u> → ans: (Er geht <u>an das</u> Fenster.) →   Er geht <u>ans</u> Fenster.

b) Übersicht: Alle Wechselpräpositionen

| an | auf | hinter | in | neben | über | unter | vor | zwischen |

Dativ — *Akkusativ*

wo? — *wohin?*

Die Kinder sind	im	Bett.	Er bringt Eva	ins	Bett.
Michael steht	am	Fenster.	Er geht	ans	Fenster.
Die Bücher liegen	auf dem	Tisch.	Er tut die Bücher	auf den	Tisch.
Der Bär ist	unter der	Brücke.	Er geht	unter die	Brücke.
Das Flugzeug ist	über der	Stadt.	Es fliegt	über die	Stadt.
Karin steht	vor dem	Haus.	Sie geht	vor das	Haus.
Die Kinder spielen	hinter dem	Haus.	Sie gehen	hinter das	Haus.
Das Auto steht	neben der	Kirche.	Es fährt	neben die	Kirche.
Der Tisch steht	zwischen dem	Schrank	Stell den Tisch	zwischen den	Schrank
	und dem	Bett.		und das	Bett.

⚠ in de<u>m</u> → im: Er ist im Haus.   in da<u>s</u> → ins: Er geht ins Haus.
   an de<u>m</u> → am: Er ist am Fenster.   an da<u>s</u> → ans: Er geht ans Fenster.

§ 17 Präpositionen mit Dativ

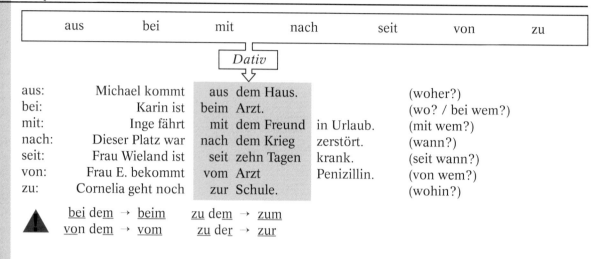

| aus | bei | mit | nach | seit | von | zu |

Dativ

aus:	Michael kommt	**aus dem Haus.**		(woher?)
bei:	Karin ist	**beim Arzt.**		(wo? / bei wem?)
mit:	Inge fährt	**mit dem Freund**	in Urlaub.	(mit wem?)
nach:	Dieser Platz war	**nach dem Krieg**	zerstört.	(wann?)
seit:	Frau Wieland ist	**seit zehn Tagen**	krank.	(seit wann?)
von:	Frau E. bekommt	**vom Arzt**	Penizillin.	(von wem?)
zu:	Cornelia geht noch	**zur Schule.**		(wohin?)

<u>bei</u> <u>dem</u> → <u>beim</u>   <u>zu</u> <u>dem</u> → <u>zum</u>
<u>von</u> <u>dem</u> → <u>vom</u>   <u>zu</u> der → <u>zur</u>

§ 18 Präpositionen mit Akkusativ

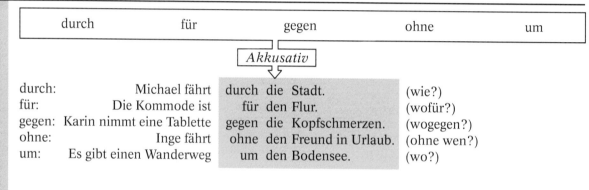

| durch | für | gegen | ohne | um |

Akkusativ

durch:	Michael fährt	**durch die Stadt.**	(wie?)
für:	Die Kommode ist	**für den Flur.**	(wofür?)
gegen:	Karin nimmt eine Tablette	**gegen die Kopfschmerzen.**	(wogegen?)
ohne:	Inge fährt	**ohne den Freund in Urlaub.**	(ohne wen?)
um:	Es gibt einen Wanderweg	**um den Bodensee.**	(wo?)

§ 19 Die Uhrzeit

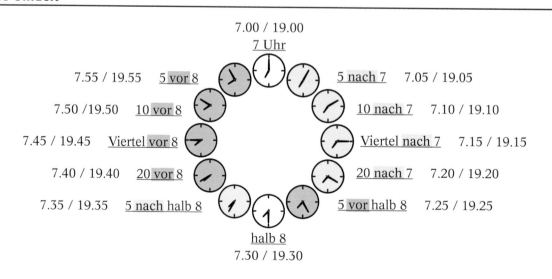

7.00 / 19.00
<u>7 Uhr</u>

7.55 / 19.55   <u>5 vor 8</u>   <u>5 nach 7</u>   7.05 / 19.05

7.50 /19.50   <u>10 vor 8</u>   <u>10 nach 7</u>   7.10 / 19.10

7.45 / 19.45   <u>Viertel vor 8</u>   <u>Viertel nach 7</u>   7.15 / 19.15

7.40 / 19.40   <u>20 vor 8</u>   <u>20 nach 7</u>   7.20 / 19.20

7.35 / 19.35   <u>5 nach halb 8</u>   <u>5 vor halb 8</u>   7.25 / 19.25

<u>halb 8</u>
7.30 / 19.30

Wie spät	ist es?	Es ist	halb drei.
Wie viel Uhr			fünf nach halb drei.
			Viertel vor drei.

Wann	kommst du?	Ich komme um	neun Uhr.
Um wie viel Uhr			fünf nach neun.
			Viertel nach neun.

Adjektiv/Adverb

Formen   § 20

Der Schrank	ist	groß.	Ich finde den Schrank	groß.
Die Kommode	ist	billig.	Ich finde die Kommode	billig.
Das Regal	ist	gut.	Ich finde das Regal	gut.
Die Regale	sind	teuer.	Ich finde die Regale	teuer.

Steigerung   § 21

regelmäßig

Positiv	Komparativ		Superlativ
	er	am	(e)sten
klein	kleiner	am	kleinsten
hell	heller	am	hellsten
wenig	weniger	am	wenigsten
schmal	schmaler	am	schmalsten
dünn	dünner	am	dünnsten
schön	schöner	am	schönsten
leise	leiser	am	leisesten
dunkel	dunkler (!)	am	dunkelsten
sauer	saurer (!)	am	sauersten
teuer	teurer (!)	am	teuersten

mit Vokalwechsel

Positiv	Komparativ		Superlativ
	er	am	(e)sten
alt	älter	am	ältesten
kalt	kälter	am	kältesten
hart	härter	am	härtesten
warm	wärmer	am	wärmsten
lang	länger	am	längsten
scharf	schärfer	am	schärfsten
stark	stärker	am	stärksten
groß	größer	am	größten (!)
hoch	höher (!)	am	höchsten
kurz	kürzer	am	kürzesten

unregelmäßig

Positiv	Komparativ	Superlativ
gut	besser	am besten
gern	lieber	am liebsten
viel	mehr	am meisten

Verb

§ 22 Personalpronomen und Verb

Singular	*l. Person*	ich	wohne	**–e**	arbeite	heiße
	2. Person	du	wohnst	**–st**	arbeitest	heißt
	Höflichkeitsform	Sie	wohnen	–en	arbeiten	heißen
	3. Person Mask.	er				
	Fem.	sie	wohnt	**–t**	arbeitet	heißt
	Neutr.	es				
Plural	*l. Person*	wir	wohnen	**–en**	arbeiten	heißen
	2. Person	ihr	wohnt	**–t**	arbeitet	heißt
	Höflichkeitsform	Sie	wohnen	-en	arbeiten	heißen
	3. Person	sie	wohnen	**–en**	arbeiten	heißen

§ 23 Verben mit Vokalwechsel

	sprechen	nehmen	essen	sehen	schlafen	laufen
ich	spreche	nehme	esse	sehe	schlafe	laufe
du	sprichst	nimmst	isst	siehst	schläfst	läufst
er/sie/es	spricht	nimmt	isst	sieht	schläft	läuft
wir	sprechen	nehmen	essen	sehen	schlafen	laufen
ihr	sprecht	nehmt	esst	seht	schlaft	lauft
sie/Sie	sprechen	nehmen	essen	sehen	schlafen	laufen

ebenso: helfen, messen, lesen, fahren, geben, vergessen, empfehlen, fallen …

⚠ *Angaben zum Vokalwechsel im Wörterverzeichnis!*

§ 24 „sein", „haben", „tun", „werden", „mögen", „wissen"

	sein	haben	tun	werden	mögen	wissen
ich	bin	habe	tue	werde	mag	weiß
du	bist	hast	tust	wirst	magst	weißt
er/sie/es	ist	hat	tut	wird	mag	weiß
wir	sind	haben	tun	werden	mögen	wissen
ihr	seid	habt	tut	werdet	mögt	wisst
sie/Sie	sind	haben	tun	werden	mögen	wissen

Modalverben § 25

	möchten	können	dürfen	müssen	wollen	sollen
ich	möchte	kann	darf	muss	will	soll
du	möchtest	kannst	darfst	musst	willst	sollst
er/sie/es	möchte	kann	darf	muss	will	soll
wir	möchten	können	dürfen	müssen	wollen	sollen
ihr	möchtet	könnt	dürft	müsst	wollt	sollt
sie/Sie	möchten	können	dürfen	müssen	wollen	sollen

Imperativ § 26

	kommen	warten	nehmen	anfangen	sein
Sie:	Kommen Sie!	Warten Sie!	Nehmen Sie!	Fangen Sie an!	Seien Sie ...!
du:	Komm!	Warte!	Nimm!	Fang an!	Sei ...!
ihr:	Kommt!	Wartet!	Nehmt!	Fangt an!	Seid ...!

Verben mit trennbarem Verbzusatz § 27

Er <u>muss</u> das Zimmer auf räumen.   Er räumt das Zimmer auf .
Er <u>hat</u> das Zimmer auf geräumt.   Räum das Zimmer auf !

Verbzusatz (betont)

<u>ab</u>fahren	<u>an</u>fangen	<u>auf</u>hören	<u>aus</u>sehen	<u>ein</u>kaufen	<u>statt</u>finden
<u>her</u>stellen	<u>hin</u>fallen	<u>mit</u>bringen	<u>nach</u>denken	<u>zu</u>hören	<u>zurück</u>bringen
<u>um</u>ziehen	<u>vor</u>haben	<u>weg</u>fahren	<u>weiter</u>suchen	<u>fern</u>sehen	

Präteritum: „haben", „sein" § 28

	haben	sein
ich	hatte	war
du	hattest	warst
er/sie/es	hatte	war
wir	hatten	waren
ihr	hattet	wart
sie/Sie	hatten	waren

Zum Vergleich: Präteritum / Perfekt

Er <u>hatte</u> einen Unfall.   *(Präteritum)*
Er <u>hat</u> einen Unfall <u>gehabt</u>.   *(Perfekt)*

Er <u>war</u> in Italien.   *(Präteritum)*
Er <u>ist</u> in Italien <u>gewesen</u>.   *(Perfekt)*

§ 29 Perfekt: Hilfsverb und Partizip II

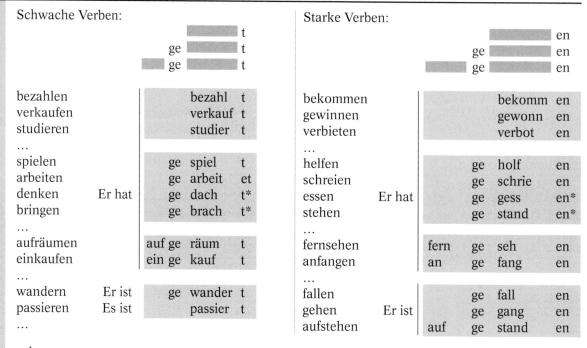

| Was | hast | du | gemacht ? |
| Was | ist | denn | passiert ? |

Hilfsverb + Partizip II
haben / sein

ich	habe	gespielt	bin	gekommen
du	hast	gespielt	bist	gekommen
er/sie/es	hat	gespielt	ist	gekommen
wir	haben	gespielt	sind	gekommen
ihr	habt	gespielt	seid	gekommen
sie/Sie	haben	gespielt	sind	gekommen

§ 30 Perfekt mit „haben" oder „sein": Partizipformen

Schwache Verben:

	t
ge	t
ge	t

bezahlen		bezahl	t
verkaufen		verkauf	t
studieren		studier	t
...			
spielen		ge	spiel	t
arbeiten		ge	arbeit	et
denken	Er hat	ge	dach	t*
bringen		ge	brach	t*
...			
aufräumen		auf ge	räum	t
einkaufen		ein ge	kauf	t
...			
wandern	Er ist	ge	wander	t
passieren	Es ist		passier	t
...			

Starke Verben:

	en
ge	en
ge	en

bekommen		bekomm	en
gewinnen		gewonn	en
verbieten		verbot	en
...			
helfen		ge	holf	en
schreien		ge	schrie	en
essen	Er hat	ge	gess	en*
stehen		ge	stand	en*
...			
fernsehen		fern ge	seh	en
anfangen		an ge	fang	en
...			
fallen		ge	fall	en
gehen	Er ist	ge	gang	en
aufstehen		auf ge	stand	en

 * unregelmäßige Formen: → Wortliste S. 148 ff.

Satzstrukturen

§ 31 Wortfrage

Vorfeld	Verb	Subjekt	Angabe	Ergänzung
Wer	ist	Herr Müller?		
Wer	ist	das?		
Wie	heißen	Sie?		
Woher	kommen	Sie?		
Wo	wohnen	Sie?		

Satzfrage §32

Vorfeld	Verb	Subjekt	Angabe	Ergänzung
bleibt leer!	Ist	das		Maja Matter?
	Ist	Maja		verheiratet?
	Wohnt	sie		in Brienz?
	Hat	sie	auch	zwei Kinder?
	Sind	die Kinder	noch	klein?

Aussagesatz §33

a) Im Vorfeld: Subjekt

Vorfeld	Verb	Subjekt	Angabe	Ergänzung
Das	ist			Frau Wiechert.
Sie	kommt			aus Dortmund.
Herr Kaiser	isst		morgens	ein Brötchen.
Er	trinkt		danach	einen Kaffee.
Ich	esse		oft	Fisch.
Ich	trinke		gern	Kaffee.

b) Im Vorfeld: Angabe

Vorfeld	Verb	Subjekt	Angabe	Ergänzung
Morgens	isst	Herr Kaiser		ein Brötchen.
Danach	trinkt	er		einen Kaffee.

c) Im Vorfeld: Ergänzung

Vorfeld	Verb	Subjekt	Angabe	Ergänzung
Fisch	esse	ich	oft.	
Kaffee	trinke	ich	gern.	

Imperativ §34

Vorfeld	Verb	Subjekt	Angabe	Ergänzung
bleibt leer!	Nehmen	Sie	doch noch	etwas Fisch!
	Nimm		doch noch	etwas Fleisch!
	Nehmt		doch noch	einen Tee!

§ 35 Modalverben

Vorfeld	Verb$_1$	Subjekt	Angabe	Ergänzung	Verb$_2$
Man	kann		hier	einen Film	sehen.
Hier	darf	man	nicht		rauchen.
Wir	müssen		noch eine Stunde		warten.
Rauchen	darf	man	hier nicht.		

↑ *Modalverb* ↑ *Infinitiv*

§ 36 Verben mit trennbarem Verbzusatz

Vorfeld	Verb$_1$	Subjekt	Angabe	Ergänzung	Verb$_2$
Willi	bereitet		um acht Uhr	das Frühstück	vor.
Jetzt	steht	Ilona			auf.
Klaus	sieht		heute Abend		fern.

↑ *Verbzusatz*

Mit Modalverb:

Vorfeld	Verb$_1$	Subjekt	Angabe	Ergänzung	Verb$_2$
Willi	muss		um acht Uhr	das Frühstück	vorbereiten.
Jetzt	muss	Ilona		aufstehen.	
Klaus	möchte		heute Abend		fernsehen.

§ 37 Perfekt

	Vorfeld	Verb$_1$	Subjekt	Angabe	Ergänzung	Verb$_2$
Präsens:	Lisa	fährt			Rad.	
	Plötzlich	fällt	sie			hin.
	Das Bein	tut		sehr		weh.
	Der Arzt	kommt		auch.		
Perfekt:	Lisa	ist			Rad	gefahren.
	Plötzlich	ist	sie			hingefallen.
	Das Bein	hat		sehr		wehgetan.
	Der Arzt	ist		auch		gekommen.

↑ haben/sein ↑ *Partizip II*

Verben mit zwei Ergänzungen § 38

Vorfeld	Verb₁	Subjekt	Ergänzung	Angabe	Ergänzung	Verb₂
Herr Winter	muss		Anna		in die Schule	bringen.
Um 7.50 Uhr	bringt	er	sie		in die Schule.	
Du	musst		den Schal	immer	in den Schrank	tun.
	Tu		den Schal		in den Schrank!	
Die Mutter	kauft		dem Kind	heute	ein Fahrrad.	
Das Fahrrad	will	sie	ihm	morgen		schenken.

Verben und Ergänzungen

Verben ohne Ergänzung § 39

aufstehen	schreien
aufwachen	schwimmen
einschlafen	sterben
fernsehen	tanzen
hinfallen	wachsen
passieren	weinen
schlafen	wiederkommen

Wer? Was?	schreit? wächst stirbt?

Das Kind	schreit.
Die Blume	wächst
Der Mann	stirbt.

↑
Subjekt

Verben mit Ergänzung im Nominativ (Einordnung, Gleichsetzung, Qualität) § 40

Wer?	sein	Wer ist das?
Was?	sein	Was ist er?
	werden	Was wird er?
Wie?	heißen	Wie heißt sie?
	sein	Wie ist sie?
	aussehen	Wie sieht sie aus?

Hans Müller	sein	Das	ist	Hans Müller.	
Ingenieur	sein	Er	ist	Ingenieur.	
Landwirt	werden	Er	wird	Landwirt.	
Maja Matter	heißen	Sie	heißt	Maja Matter.	
verheiratet	sein	Sie	ist	verheiratet.	
gut	aussehen	Sie	sieht	gut	aus.

§ 41 Verben mit Akkusativergänzung

Was?	essen	Was isst er?
	nehmen	Was nimmt er?

Wen?	bedienen	Wen bedient sie?
	treffen	Wen trifft sie?

einen Salat	essen	Er	isst	einen Salat.
eine Suppe	nehmen	Er	nimmt	eine Suppe.
einen Gast	bedienen	Sie	bedient	einen Gast.
einen Freund	treffen	Sie	trifft	einen Freund.

Weitere Verben mit Akkusativergänzung:
anrufen, anziehen, aufräumen, bekommen, brauchen, einladen, erkennen, erledigen, finden, haben, holen, kaufen, kennen, kosten, lesen, lieben, mitnehmen, reparieren, schneiden, sehen, suchen, tragen, trinken, vergessen, wissen

 es gibt + *Akkusativ*: Es gibt heute keinen Fisch.

§ 42 Verben mit Dativergänzung

Wem?	antworten	Wem antwortet er?
	fehlen	Wem fehlt sie?
	gehören	Wem gehört das?
	helfen	Wem hilft sie?
	schmecken	Wem schmeckt es?

dem Lehrer	antworten	Er	antwortet	dem Lehrer.
ihm	fehlen	Sie	fehlt	ihm.
dir	gehören	Das	gehört	dir.
ihrer Freundin	helfen	Sie	hilft	ihrer Freundin.
mir	schmecken	Es	schmeckt	mir.

Weitere Verben mit Dativergänzung:
gefallen, passen, reichen

Verben mit Dativergänzung und Akkusativergänzung $ 43

Wem?	Was?	geben	Wem gibt er was?
		schenken	Wem schenkt sie was?
		zeigen	Wem zeigt er was?
		erklären	Wem erklärt er was?

dem Freund	das Buch	geben		Er	gibt	dem Freund	das Buch.
ihm	eine Platte	schenken		Sie	schenkt	ihm	eine Platte.
der Frau	den Weg	zeigen		Er	zeigt	der Frau	den Weg.
ihr	das Problem	erklären		Er	erklärt	ihr	das Problem.

Weitere Verben mit Dativergänzung und Akkusativergänzung:
bringen, leihen, empfehlen, verbieten

Verben mit Situativergänzung $ 44

Wo?	sein	Wo ist er?
	wohnen	Wo wohnt er?
	stehen	Wo steht er?
	liegen	Wo liegt sie?
	sitzen	Wo sitzt sie?

in Deutschland	sein		Er	ist	in Deutschland
in Berlin	wohnen		Er	wohnt	in Berlin.
vor der Post	stehen		Er	steht	vor der Post.
im Bett	liegen		Sie	liegt	im Bett.
auf dem Stuhl	sitzen		Sie	sitzt	auf dem Stuhl.

Verben mit Direktivergänzung $ 45

Wohin?	gehen	Wohin geht sie?
	fahren	Wohin fährt er?
	fliegen	Wohin fliegt sie?
Woher?	kommen	Woher kommt sie?

zur Post	gehen		Sie	geht	zur Post.
nach Hause	fahren		Er	fährt	nach Hause.
nach Berlin	fliegen		Sie	fliegt	nach Berlin.
aus Köln	kommen		Sie	kommt	aus Köln.

§ 46 **Verben mit Akkusativergänzung und Direktivergänzung**

Was?	Wohin?		
		legen	Was legt er wohin?
		stellen	Was stellt sie wohin?
		tun	Was tut er wohin?
		bringen	Was bringt er wohin?
Wen?	Wohin?	bringen	Wen bringt er wohin?

das Kissen	auf den Stuhl	legen	Er	legt	das Kissen	auf den Stuhl.
die Tasche	auf den Tisch	stellen	Sie	stellt	die Tasche	auf den Tisch.
den Schal	in den Schrank	tun	Er	tut	den Schal	in den Schrank.
das Kind	zur Schule	bringen	Er	bringt	das Kind	zur Schule.

§ 47 **Verben mit Verbativergänzung**

	Was tun?		
		gehen	Was geht er tun?
Was?	Was tun?	lassen	Was lässt sie was tun?

	spazieren	gehen	Er	geht		spazieren.
das Auto	waschen	lassen	Sie	lässt	das Auto	waschen.

Negation

§ 48 **Negation mit „nicht" und mit „kein"**

Negation mit nicht

Ich komme	nicht.	
Der Stuhl ist	nicht	da.
Ich trinke den Wein	nicht.	

Negation mit kein

Ich habe	keine	Zeit.
Das ist	kein	Stuhl.
Ich trinke	keinen	Wein.

Vorfeld	Verb	Subjekt	Ergänzung	Angabe	Ergänzung
Ich	komme			morgen nicht.	
Morgen	komme	ich		nicht.	
Ich	trinke		den Wein	nicht.	
Den Wein	trinke	ich		nicht.	
Heute	trinke	ich			keinen Wein.
Ich	habe			heute	keine Zeit.

zu Seite 12, Übung 11:

Wie weiter?

1 – 3 – 5 – 7 – 9 – 11 – 13 – 15 ... 95 – 97 – 99
30 – 28 – 26 – 24 – 22 – 20 – 18 ... 6 – 4 – 2 – 0
11 – 22 – 33 – 44 – 55 – 66 – 77 – 88 – 99
98 – 87 – 76 – 65 – 54 – 43 – 32 – 21 – 10
50 – 60 – 40 – 70 – 30 – 80 – 20 – 90 – 10 – 100 – 0

zu Seite 13, Übung 12:

Was meinen Sie?

Julia Omelas Cunha kommt aus Brasilien.
Victoria Roncart kommt aus Frankreich.
Farbin Halim kommt aus Indien.
Kota Oikawa kommt aus Japan.
Sven Gustafsson kommt aus Schweden.

zu Seite 18, Übung 19:

Wo sind die Tramper?

Etwa beim Autobahnkreuz Kassel–Würzburg / Frankfurt–Erfurt.

zu Seite 119, Übung 3:

Personen-Quiz

Die Person Nr. 1 heißt Wolfgang Amadeus Mozart.
Die Person Nr. 2 heißt Johann Wolfgang von Goethe.

zu Seite 122, Übung 7:

Bilder und Texte – was passt zusammen?

A–8, B–6, C–5, D–7, E–4, F–1, G–2, H–3

ALPHABETISCHE WORTLISTE

Hier finden Sie alle Wörter, die in diesem Buch vorkommen, mit Angabe der Seiten. (Den „Lern-wortschatz" finden Sie im Arbeitsbuch jeweils auf der ersten Seite der Lektionen.) Einige zusam-mengesetzte Wörter (Komposita) stehen nur als Teilwörter in der Liste.

Bei Nomen stehen der Artikel und die Pluralform; Nomen ohne Angabe der Pluralform benützt man nicht im Plural. Die Artikel sind abgekürzt: r = der, e = die, s = das.

Bei Verben stehen Hinweise zu den Ergänzungen und abweichende Konjugationsformen für „er"/„sie"/„es" und das Perfekt.

Abkürzungen:

jmd	=	jemand	*Adj*	=	Adjektiv/Adverb als Ergänzung im Nominativ
etw	=	etwas	*Sit*	=	Situativergänzung
N	=	Nominativ	*Dir*	=	Direktivergänzung
A	=	Akkusativ	*Verb* =		Verbativergänzung
D	=	Dativ			

A

ab 62

r Abend, -e 9, 40, 51, 53, 54, 83, 91

abends 35, 55, 112

aber 14, 17, 26, 42, 58, 63, 74, 84

ab·fahren fährt ab, ist abgefahren 88

e Abfahrt 98

r Abfall, ̈e 26

ab·heben *Geld*$_A$ hat abgehoben 95

ab·holen *jmd*$_A$ / *etw*$_A$ (*Sit*) 86, 87, 89

r Abschnitt, -e 113

ab·stellen *etw*$_A$ 85

e Achtung 52

e Adresse, -n 10, 90

ähnlich 29, 42

r Akku, -s 30, 113

aktuell 112

r Akzent, -e 120

r Alkohol 42, 61

alle 13, 30, 42, 64, 67, 101, 102

allein 87, 88, 89

alles 32, 66, 90, 102, 116

als 37, 40, 102

also 20, 53, 92, 96, 97

alt 14, 40, 58

s Alter 14

alternativ 68

e Ampel, -n 104

an 20, 28, 64, 72, 96

ander- 72, 119, 120

anders 103, 120

an·fangen fängt an, hat angefangen 52, 53, 114, 119

r Anfänger, - 79

s Angebot, -e 112

e Angst, ̈e 74, 89

an·halten (*etw*$_A$) hält an, hat angehalten 88, 89

an·kreuzen *etw*$_A$ 71, 126

an·nähen *etw*$_A$ 85

an·rufen *jmd*$_A$ hat angerufen 62, 75, 85, 89, 109

an·schauen *jmd*$_A$ / *etw*$_A$ 63, 99

an·schließen *etw*$_A$ hat angeschlossen 90, 91, 113

an·sehen *jmd*$_A$ / *etw*$_A$ sieht an, hat angesehen 54, 91

e Ansichtskarte, -n 55

an·stellen *etw*$_A$ 85

e Antenne, -n 64, 112

s Antibiotikum, Antibiotika 72

e Antwort, -en 31, 72

antworten *jmd*$_D$ (*auf etw*$_A$) 31, 36, 54, 109

e Anzeige, -n 41, 113

an·ziehen *jmd*$_A$ / *etw*$_A$ hat angezogen 51, 86

r Apfel, ̈e 37, 41

e Apotheke, -n 72, 93, 94

r Apparat, -e 26, 28, 115

s Appartement, -s 64, 126

r Appetit 80

e Arbeit, -en 39, 50, 57, 58, 62

arbeiten 13, 14, 20, 47, 54, 70, 81

arbeitslos 103

r Ärger 66

arm 69

r Arm, -e 70

s Arzneimittel, - 95

e Arzthelferin, -nen 63

e Ärztin, -nen / r Arzt, ̈e 15, 48, 72, 103, 114

astronomisch 122

e Atmosphäre 103

attraktiv 114

auch 9, 29, 32, 42, 55, 63, 64, 67, 70, 74, 80

auf 8, 47, 64, 95, 98

auf einmal 88, 89

auf·hängen *etw*$_A$ (*Sit*) 64

auf·hören (*mit etw*$_D$) 49, 55

auf·machen *etw*$_A$ 49

auf·nehmen *jmd*$_A$ / *etw*$_A$ (*auf etw*$_A$) nimmt auf, hat aufgenommen 113

auf·passen (*auf jmd*$_A$ / *etw*$_A$) 123

auf·räumen *etw*$_A$ 50, 54, 70, 77, 81, 85, 86

auf·schlagen *etw*$_A$ schlägt auf, hat aufgeschlagen 97

r Aufschnitt 41

auf·stehen ist aufgestanden 47, 70, 77, 79, 106, 108

auf·wachen ist aufgewacht 74, 88, 89

r Aufzug, ̈e 62

s Auge, -n 70

aus 13, 25

r Ausflug, ̈e 52, 55, 67

aus·geben *Geld*$_A$ gibt aus, hat ausgegeben 48, 55

e Auskunft, ̈e 101

s Ausland   121
r Ausländer, - 13, 102
aus·machen   *etw*_A 85
aus·schlafen   schläft aus, hat
   ausgeschlafen 74
aus·sehen   *Adj* sieht aus, hat
   ausgesehen 60, 102, 103
e Außenwand, ⸚e 64
außerdem 82, 118, 125
außerhalb 63
aus·steigen   *(aus etw*_D*) (Sit)* ist
   ausgestiegen 88, 89, 99
aus·ziehen   *(aus etw*_D*) (Sit)* ist
   ausgezogen 84, 90
s Auto, -s 15, 21, 29, 67, 70
e Autobahn, -en 88, 101

B

r Bach, ⸚e 125
backen   *etw*_A bäckt, hat
   gebacken 41
r Bäcker, - 47, 114
e Bäckerei, -en 93, 94, 114
s Bad, ⸚er 57, 58, 62, 74
baden 58, 68
e Bahn, -en 96, 101
r Bahnhof, ⸚e 78, 94, 101
bald 66, 89, 90
r Balkon, -e/-s 57, 58, 62
r Ball, ⸚e 106
e Bank, ⸚e 89, 99, 100
e Bank, -en 14, 47, 58, 93, 94
e Bar, -s 47, 52, 67
e Batterie, -n 21, 22, 23, 113
r Bau, -ten 122
r Bauch, ⸚e 42, 70, 71
bauen   *etw*_A 63, 122
r Bauer, -n 114
bequem 25, 29, 60, 101
r Beamte, -n (ein Beamter) 119
beantworten   *etw*_A 72, 73, 86,
   121
bearbeiten   *etw*_A 86
s Becken, - 25
bedeuten   *etw*_A 72
bedienen   *etw*_A */ jmd*_A 47, 50
behalten   *etw*_A behält, hat
   behalten 114
bei 18, 58, 73, 84
beide, beides 63
s Bein, -e 70
s Beispiel, -e 72, 96
bekannt 114
e/r Bekannte, -n (ein Bekannter)
   109

bekommen   *etw*_A hat bekommen
   31, 96, 112
beliebt 42
s Benzin 30
beraten   *jmd*_A *(über/bei etw*_A*)*
   berät, hat beraten 108
r Berg, -e 125
r Bericht, -e 89
berichten   *(jmd*_D*) über etw*_A 16,
   102, 118, 121
r Beruf, -e 14, 58
berufstätig 15
berühmt 102, 119, 122
e Beschäftigung, -en 114
beschreiben   *(jmd*_D*) etw*_A hat
   beschrieben 43, 50, 58, 99
besichtigen   *etw*_A 122
besonders 42, 66, 72, 101
besorgen   *etw*_A 96
besprechen   *etw*_A *(mit jmd*_D*)*
   bespricht, hat besprochen 96
besser 101
e Besserung 75
bestehen   *aus etw*_D hat
   bestanden 120
bestehen   *Prüfung*_A hat
   bestanden 109
bestellen   *etw*_A 38
e Bestellung, -en 51, 86
bestimmt 75, 92
r Besuch, -e 82
besuchen   *jmd*_A */ etw*_A 18, 75
betreiben   *etw*_A hat betrieben
   64, 125
s Bett, -en 29, 51, 71, 74, 81
e Bevölkerung 120
bewundern   *etw*_A */ jmd*_A 122
bezahlen   *etw*_A */ jmd*_A 39, 63, 103
e Bibliothek, -en 47, 52, 94, 103
s Bier, -e 33, 35, 37, 41, 42, 47
bieten   *etw*_A hat geboten 27, 67,
   112
s Bild, -er 26, 81, 95, 105, 107,
   122
r Bildschirm, -e 112
billig 32, 41, 62, 110
s Bindeglied, -er 124
bis 52, 53, 86, 90, 97, 98
bisschen 75, 89
bitte 10, 17, 123
bitter 40
blau 124
bleiben   *etw*_N */ Adj / (Sit)* ist
   geblieben 56, 71, 75, 82, 84
r Blick, -e 114, 125
bloß 76

e Blume, -n 81, 85, 96, 105, 108,
   126
r Boden, ⸚ 91
e Bohne, -n 37
bohren   *etw*_A 90
s Bonbon, -s 71
Bord: an Bord 46
e Boutique, -n 48, 52
s Brandenburger Tor 98, 99, 102,
   103
Brat- 37
r Braten, - 37, 73
brauchen   *etw*_A 41, 59, 75, 87,
   96, 106, 116
brauen 122
breit 110, 125
s Brett, -er 110
r Brief, -e 72, 78, 81, 95, 105,
   106, 109, 114
e Brille, -n 78, 106
bringen   *(jmd*_D*) etw*_A */ jmd*_A *Dir*
   hat gebracht 50, 76, 86, 90, 103
s Brot, -e 33, 35, 37, 95
s Brötchen, - 35, 114, 123
e Brücke, -n 126
e Brust (-⸚e) 70, 71, 72, 73
s Buch, -⸚er 47, 59, 81, 95, 105,
   106
buchen   *etw*_A 67
e Buchhalterin, -nen /
   r Buchhalter, - 75, 82
e Buchhaltung 75
e Buchhandlung, -en 93, 94
buchstabieren   *etw*_A 10
s Bundesland, ⸚er 120, 121
e Bundesrepublik 101, 120
e Bundesstraße, -n 101
r Bungalow, -s 62
r Bürger, - 102
s Büro, -s 82, 86
r Bus, -se 98, 101
r Busen, - 70
e Butter 33, 35, 37, 41

C

s Café, -s 45, 47, 93, 94, 114, 123
s Camping 106, 108
e CD, -s 30, 43, 49, 106
e Chance, -n 114
r Chef, -s 75
e Chemie 118
s Cholesterin 73
e Cola, -s 35, 37
r Comic, -s 110
r Computer, - 106, 111, 112, 115

r Euro 39, 60
Europa 120
r Export 42

F

r Fachmarkt, ¨e 41
e Fähre, -n 124, 125
fahren (mit etw$_D$ / jmd$_D$) Dir
   fährt, ist gefahren 29, 67, 70,
   78, 81, 89, 100
e Fahrkarte, -n 95, 96, 101
r Fahrplan, ¨e 101
s Fahrrad, ¨er 81, 106, 107, 111,
   114
e Fahrt, -en 99
fallen Adj fällt, ist gefallen 82,
   126
falsch 90, 103
e Familie, -n 63, 112
r Familienname, -n 10
r Familienstand 14
fantastisch 40, 66, 114
e Farbe, -n 90
fast 42, 55, 98, 101
faulenzen 45
fehlen (jmd$_D$) 80, 103, 114
r Fehler, - 30, 56, 90
e Feier, -n 109
r Feierabend, -e 114
feiern etw$_A$ 55, 64, 70, 108
s Fenster, - 58, 64, 91
s Fensterbrett, -er 64
e Fernbedienung, -en 30
Fernseh- 26, 28, 67, 98, 106
s Fernsehen 54
fern·sehen sieht fern, hat
   ferngesehen 47, 48, 70, 81, 83
r Fernseher, - 112
fertig sein 122
fest 62
fest·halten etw$_A$ hält fest, hat
   festgehalten 112
s Festspiel, -e 126
fett 40
s Feuer 18
s Feuerzeug, -e 106
s Fieber 50, 71, 74
r Film, -e 47, 54, 95, 106
filmen etw$_A$ 112
s Finale, - 52
finden etw$_A$ Adj hat gefunden
   60
e Firma, Firmen 15, 90, 118
r Fisch, -e 33, 35, 37, 126
e Flasche, -n 35, 41, 76

s Fleisch 33, 37, 43, 47, 95
fliegen Dir ist geflogen 100,
   108
fließen Dir ist geflossen 121,
   125
flirten (mit jmd$_D$) 47, 67
r Flug, ¨e 101
r Flughafen, ¨ 101
e Fluglinie, -n 118
s Flugzeug, -e 101
r Flur, -e 57, 58, 59, 65
r Fluss, ¨e 125
föderativ 120
folgend- 96
s Foto, -s 22, 43, 52, 93, 94, 113,
   115, 122
r Fotograf, -en 16
fotografieren etw$_A$ 17, 45, 55,
   70, 106
e Frage, -n 72, 92, 96, 107, 118,
   121
fragen (jmd$_A$) etw$_A$ 10, 16, 29,
   31, 54, 64
s Französisch 120
e Frau, -en 7, 14, 20, 38
frei 17, 54, 61, 114
e Freiheit, -en 103
e Freizeit 50, 55, 114
fremd 103
freuen 105
e Freundin, -nen / r Freund, -e
   42, 51, 54, 66, 75, 81, 86
r Friede 122
frisch 40, 74, 114
e Friseurin, -nen / r Friseur, -e 47
frisieren jmd$_A$ 47
e Frucht, ¨e 37, 41
früh 53, 114
früher 102, 103, 114
s Frühstück 41, 67, 86, 114
frühstücken 47, 50, 79
r Führerschein, -e 109
funktionieren 28
für 59, 61, 69, 74, 124
furchtbar 80
r Fuß, ¨e 69, 70
r Fußball, ¨e 17, 70, 75, 108
r Fußboden, ¨ 62
füttern Tier$_A$ 64, 85

G

e Gabel, -n 33
ganz 32, 41, 72, 92, 110, 124
gar nicht 32
e Garage, -n 62, 114

e Garderobe, -n 58
r Garten, ¨ 62, 81, 114
r Gast, ¨e 47, 58, 62, 66, 106,
   108, 123
r Gasthof, ¨e 37
s Gebäude, - 98, 102, 103,
   122
geben jmd$_D$ etw$_A$ gibt, hat
   gegeben 42, 89, 96, 119
s Gebiet, -e 67, 120
geboren 20
gebrauchen etw$_A$ 113
gebrochen 77, 84
e Geburt, -en 20
r Geburtstag, -e 18, 107
e Gedächtniskirche 122
gefährlich 72
gefallen jmd$_D$ gefällt, hat
   gefallen 114
gegen 52, 55, 72
gehen Dir ist gegangen 9, 17,
   30, 38, 70, 113, 119, 124
gehören zu jmd$_D$/etw$_D$ 118, 124
s Geld 27, 47, 114
gemeinsam 125
s Gemüse 33, 35, 37
gemütlich 68
genau 75
genug 40, 66, 103, 110
geöffnet 52
gerade 82
geradeaus 97, 104, 123
s Gerät, -e 112, 118
s Geräusch, -e 91
gern 36, 38, 42, 63, 108
s Geschäft, -e 28, 47, 64, 90, 112
e Geschäftsleute (Plural) 102
geschieden 16, 108
r Geschirrspüler, - 25, 26, 106,
   115
geschlossen 48, 52
s Geschwür, -e 72
s Gespräch, -e 11, 37, 43
gestern 90, 92
gesund 69, 72, 114
e Gesundheit 72, 114
s Gesundheitsmagazin, -e 72
geteilt 102
s Getränk, -e 37, 42, 95
r Getränkemarkt, ¨e 94
getrennt 39
gewinnen (etw$_A$) hat gewonnen
   84
s Gewürz, -e 41
gießen etw$_A$ hat gegossen 81,
   85

K

s Kabarett, -s 56
r Kaffee 35, 81, 106, 108
s Kaffeehaus, ¨er 123
r Kaktus, Kakteen 126
r Kalender, - 52, 54, 111
kalt 37, 40, 63, 89
e Kamera, -s 21, 105, 106, 112
e Kamille 72, 74
r Kapitän, -e 52
kaputt 30, 108
kaputt·machen etw$_A$ 90
e Karte, -n 31, 66
s Kartenhandy, -s 107
e Kartoffel, -n 33, 35, 37, 41
r Käse 33, 35, 36, 37, 41
e Kassette, -n 30, 107
e Katze, -n 85, 106
kaufen etw$_A$ 15, 96
e Kauffrau / r Kaufmann
    (Kaufleute) 14, 17, 58, 82
kein 26
r Keller, - 57, 62, 67
r Kellner, - 47
kennen jmd$_A$ / etw$_A$ hat gekannt
    42, 74, 85, 114
kennen lernen jmd$_A$ 83
s Kennzeichen, - 120
e Keramik 25
s Ketschup 35
e Kette, -n 105, 106, 107
kg (Kilogramm) 41
s Kilo, -s 41
r Kilometer, - 124
s Kind, -er 13, 14, 57, 98, 108
r Kindergarten, ¨ 86
s Kino, -s 47, 54, 81, 94
r Kiosk, -e 67
e Kirche, -n 94, 98, 122
e Kirsche, -n 41
e Kiste, -n 41
klar 85, 103, 114
s Klavier, -e 15, 21
s Kleid, -er 51, 58
e Kleidung 95, 118
klein 14, 58, 60, 110
klettern Dir ist geklettert 100
s Klima 114
klingeln (Sit) 74, 84, 114
klingen Adj hat geklungen
    120
s Kloster, ¨ 126
e Kneipe, -n 123
s Knie, - 70
r Knopf, ¨e 85

r Koch, ¨e 47
kochen etw$_A$ 40, 58, 70, 81, 106,
    108
s Kochfeld, -er 25
r Koffer, - 78, 106
r Kohl 123
r Kollege, -n 76, 103
r Komfort 62
komisch 32
kommen (Dir) ist gekommen
    13, 28, 88, 102, 110
e Kommode, -n 58, 60
e Kommunikation 112
komponieren etw$_A$ 118
r Komponist, -en 118, 119
e Kompresse, -n 72
r Konflikt, -e 74, 103
r König, -e 110
können kann, hat gekonnt /
    hat … können 27, 48
e Konsultation, -en 80
kontrollieren etw$_A$ / jmd$_A$ 47
s Konzert, -e 52, 54, 81
r Kopf, ¨e 71, 114
korrigieren etw$_A$ / jmd$_A$ 30
kosten Geld$_A$ 25, 56, 61
s Kotelett, -en 35, 36
r Krach 64
krank 69, 70, 74, 83
e / r Kranke, -n (ein Kranker)
    80
s Krankenhaus, ¨er 47, 83
e Krankenschwester, -n 50
e Krankenversicherungskarte, -n
    78
e Krankheit, -en 69, 70, 72
r Kreislauf 74
e Kreuzung, -en 104
r Krieg, -e 102, 122
e Kriminalität 103
e Küche, -n 24, 25, 26, 47, 57, 58
r Kuchen, - 33, 35, 37, 73, 89
e Kugel, -n 98
r Kugelschreiber, - 21, 22, 105,
    106
e Kuh, ¨e 114
kühl 69
r Kühlschrank, ¨e 26
r Kunde, -n 112, 114
kündigen (jmd$_D$) 84
r Künstler, - 102
s Kuriosum, Kuriosa 120
Kurs, -e 10, 52, 54, 79
kurz 16, 110, 124
e Küste, -n 120, 121

L

lachen 114
e Lampe, -n 21, 22, 24, 25, 26,
    61, 90
s Land 52, 103, 114
s Land, ¨er 16, 120, 121
landen 101
s Landhaus, ¨er 114
e Landkarte, -n 121
lang 110, 124
lange 18, 72, 96, 114, 124
e Langeweile 114
langsam 10, 110
langweilig 114
r Lärm 66, 74
lassen lässt, hat gelassen 87, 95,
    96
laufen Dir / Adj läuft, ist
    gelaufen 80, 110
laut 16, 64, 77
leben Sit / Adj 13, 61
s Leben, - 61, 103
lebendig 112, 120
s Lebensmittel, - 41, 118
ledig 15
leer 30, 89, 114
legen etw$_A$ Dir 100
e Lehne, -n 110
e Lehrerin, -nen / r Lehrer, - 16,
    50, 63, 79, 85, 107
r Lehrling, -e 82
leicht 15, 42, 111, 113
Leid tun jmd$_D$ hat Leid getan
    53, 83
leider 18, 54, 63, 68, 72, 110
leihen jmd$_D$ etw$_A$ hat geliehen
    67, 95
leise 48, 64, 74
e Leiterin, -nen / r Leiter, - 8, 26
e Leitung, -en 90
lernen etw$_A$ 14, 31, 70, 82, 83,
    106
lesen etw$_A$ liest, hat gelesen 12,
    14, 16, 37, 45, 55, 67, 70, 81
r Leser, - 72
letzt- 83
e Leute (Plural) 14, 27, 108
s Lexikon, Lexika 42, 119, 123
s Licht 74, 85
lieb 55, 66
e Liebe 69, 127
lieben etw$_A$ / jmd$_A$ 107, 114
lieber 38, 74
Lieblings- 42
liefern etw$_A$ (jmd$_D$) (Dir) 90

liegen *Sit* hat gelegen 18, 62, 124

e Limo, -s 40

e Limonade, -n 37, 42

e Linde, -n 98, 102

Linien- 101

links 97, 104

r Liter, - 41

s Loch, ¨er 90

r Löffel, - 33

los sein ist los, ist los gewesen 52, 112

los·fahren fährt los, ist losgefahren 88

e Lösung, -en 13, 28

s Lotto 84

e Luft 74, 114

Lust haben 53, 85

lustig 28

r Luxus 62

M

machen *etw_A* 12, 17, 39, 41, 51, 96

s Mädchen, - 14, 83

r Magen, ¨ 72, 73, 75, 114

mal 28, 56, 64, 90, 108, 124

s Mal, -e 53, 122

malen *etw_A* 81, 118

r Maler, - 90, 118

man 10, 42, 64, 104

manchmal 36, 66, 74

r Mann, ¨er 84

e Mannschaft, -en 52, 75

r Mantel, ¨ 96, 100

e Margarine 73

e Marke, -n 42, 95

markieren *etw_A* 36

märkisch: die märkischen Seen 103

e Marmelade, -n 35, 41

e Maschine, -n 26, 29, 47, 48, 85, 90, 91, 106, 108

r Masseur, -e 47

massieren *jmd_A* 47

e Mauer, -n 98, 102

r Mechaniker, - 15, 17, 47

s Medikament, -e 72, 74, 78, 114

e Meditation, -en 74

e Medizin 16, 69

s Meer, -e 52

s Mehl 41

mein 7, 19, 29

meinen *etw_A* 13, 51, 60

e Meinung, -en 103

meist- 42, 102, 103, 121

meistens 55, 63, 114

r Mensch, -en 52, 76, 120, 126

merken 89

e Messe, -n 113, 122

messen *etw_A* misst, hat gemessen 50

s Messer, - 33

r Meter, - 62, 122

e Metzgerei, -en 93, 94

e Miete, -n 62, 64, 66, 67

r Mietvertrag, ¨e 64

e Mikrowelle, -n 25, 26, 106, 115

e Milch 33, 35, 41, 73, 85

mild 42

e Million, -en 13

e Minderheit, -en 120

e Mine, -n 23

s Mineralwasser, ¨ 35, 41

s Miniformat, -e 112

r Minister, - 119

e Minute, -n 22, 64, 114

mischen *etw_A mit etw_A* 42

mit 16, 20, 28, 37, 52, 62, 67, 90, 101

e Mitarbeiterin, -nen 114

mit·bringen *(jmd_D) etw_A* hat mitgebracht 48, 85, 108, 114

miteinander 89

mit·fahren *(mit jmd_D)* fährt mit, ist mitgefahren 99

mit·kommen ist mitgekommen 53, 71

mit·nehmen *jmd_A/etw_A (Dir)* nimmt mit, hat mitgenommen 78, 86, 87, 89

mit·spielen *(mit jmd_D)* 75

mittag 83

r Mittag, -e 51

s Mittagessen, - 51, 79

mittags 35, 52

e Mitte 101

s Möbel, - 110

möchten (hat gewollt) 14

s Modem, -s 112

modern 25, 29, 32, 61, 102, 111

mögen *etw_A* mag, hat gemocht / hat ... mögen 36, 60

e Möglichkeit, -en 84

r Monat, -e 17, 63, 122

r Mönch, -e 126

montieren *etw_A* 64, 90

morgen 52, 53, 55, 83, 108

r Morgen 9, 52, 88

morgens 35, 72

s Motorrad, ¨er 115, 118, 123

s Motto, -s 114

müde 74, 88

r Mund, ¨er 70

s Museum, Museen 94, 102

e Musik 45, 47, 64, 74, 87, 88, 106, 113

müssen muss, hat gemusst / hat ... müssen 48

e Mutter, ¨ 18, 61, 114

mutterseelenallein 88

e Mütze, -n 78

N

nach 18, 52, 55, 62, 86, 101, 124

nach Hause 86, 90

r Nachbar, -n 64, 75, 90, 121

nach·denken *(über etw_A/jmd_A)* hat nachgedacht 92, 114

nachmittag 53, 54, 83

nachmittags 35, 55, 63

r Nachrichtensender, - 103

e Nachspeise, -n 40

nächst- 53, 90

e Nacht, ¨e 74

r Nachtisch, -e 37

nachts 64, 74, 88

nah 41

e Nähe 124

r Name, -n 7, 8, 121

e Nase, -n 70, 71

e Nation, -en 124

e Natur 67

natürlich 32, 42, 66, 103, 120

r Naturschutz 67

neben 97, 98, 100, 102, 103

nehmen *etw_A* nimmt, hat genommen 37, 40

nein 8

nennen *etw_A / jmd_A* hat genannt 114

nervös 72

nett 55, 66, 89, 90

neu 17, 68, 102

s Neujahr 88

nicht 12

nicht mehr 40, 61

nichts 12, 56

nie 54, 115

niedrig 110

niemand 63

noch 17, 37, 40, 51, 58, 62

noch einmal 10, 12, 43, 54, 89, 104

Nord- 42, 121

normal 42, 80

r Notar, -e 114
notieren *etw*$_A$ 11, 43
e Notiz, -en 91, 99
e Nummer, -n 10, 28, 58
nun mal 68
nur 42, 62, 72, 76, 122
e Nuss, ¨e 41

O

oben 42
obligatorisch 48
s Obst 33, 37, 73
oder 24, 31, 37, 42, 64, 74
offen gesagt 56
offener 103
offiziell 120, 121
oft 36, 72
ohne 62, 64, 88
okay 66
Öko 64
s Öl, -e 41
e Oma, -s 96
e Oper, -n 98, 102
operieren *jmd*$_A$ 84
optimistisch 103
r Orangensaft 35
s Orchester, - 52
e Orchidee, -n 126
ordnen *etw*$_A$ 49, 61, 76
originell 28
r Ort, -e 11, 20
Ost- 42, 98, 101, 121
r Osten 120
e Ostsee 67

P

paar: ein paar Mal 114
packen *etw*$_A$ 78
e Packung, -en 41
s Paket, -e 96
e Palme, -n 126
s Papier, -e 74, 78, 105, 106
e Paprika, -s 41
s Paradies 67
s Parfüm, -s 105, 106
r Park, -s 94
parken *(etw*$_A$*) (Sit)* 88
r Parkplatz, ¨e 88, 89, 94
e Parkuhr, -en 28
s Parlament, -e 102, 122
r Partner, - 53, 55, 64
e Party, -s 105, 108
r Pass, ¨e 95
e Passage, -n 102

r Passagier, -e 47
passen *Dir* 107, 113
passieren ist passiert 76, 84, 102
e Pause, -n 51, 119
s Pech 90
s Penizillin 72
e Pension, -en 126
perfekt 112, 116
e Person, -en 26, 31, 41, 42, 43, 108, 119
s Pfahlbaudorf, ¨er 126
r Pfannkuchen, - 123
r Pfeffer 41
e Pfeife, -n 105, 106, 115
s Pferd, -e 114
e Pflanze, -n 72
s Pflaster 78
s Pfund, -e 41
r Pianist, -en 47
s Piano, -s 52
e Pizza, -s *oder* Pizzen 35
r Plan, ¨e 97
e Platte, -n 37, 110
r Platz, ¨e 66, 94, 98, 102, 103, 104
plötzlich 77, 88
e Politik 56
r Politiker, - 118
e Politparole, -n 64
e Polizei 89, 91
e Polizeistation, -en 89
e Pommes frites *(Plural)* 35
e Post 93, 94
e Postkarte, -n 11, 21
e Postleitzahl, -en 11
praktisch 25, 29, 60, 125
praktizieren *etw*$_A$ 124
präsentieren *etw*$_A$ 112
r Preis, -e 28, 39
s Preisausschreiben, - 28
privat 62, 67
pro 42, 62, 63
s Problem, -e 29, 66, 74, 103, 110, 112
s Produkt, -e 112, 118
s Programm, -e 25, 79
r Programmierer, - 16
e Prüfung, -en 82, 83, 109
r Pullover, - 78, 85
putzen *etw*$_A$ 85

Q

s Quadrat, -e 62, 124
e Quadriga 98, 99
e Qual, -en 74

r Quatsch 56
s Quiz, - 119

R

Rad fahren fährt Rad, ist Rad gefahren 55, 70, 77, 83, 107, 126
s Rad, ¨er 107, 125
s Radio, -s 26, 28, 81, 89, 107
r Rastplatz, ¨e 88
e Raststätte, -n 88
r Rat, Ratschläge 71, 72
s Rathaus, ¨er 94, 98, 99
s Rätoromanisch 120
r Ratschlag, ¨e 73, 74
s Rätsel, - 23
rauchen *(etw*$_A$*)* 48, 49, 70, 106, 108
r Raum, ¨e 42, 48, 57, 58, 67
raus 30, 112
rechnen 116
e Rechnung, -en 80
Recht haben 72
rechts 97
s Regal, -e 24, 25, 58, 106
e Regierung, -en 102
e Region, -en 123
reich 69
reichen *(jmd*$_D$*)* 114
r Reichstag 98, 99, 102, 103
s Reihenhaus, ¨er 62
reinigen *etw*$_A$ 95
e Reinigung 93, 94
r Reis 33
e Reise, -n 8, 84, 90, 95, 101, 112, 119
s Reisebüro, -s 67, 93, 94, 101
r Reiseführer, - 106, 111
reisen *Dir* ist gereist 15, 101, 103, 106
reklamieren 90
rekonstruieren *etw*$_A$ 75
r Rentner, - 102
reparieren *etw*$_A$ 95, 106, 108
e Republik, -en 102, 120
r Rest, -e 98, 120
s Restaurant, -s 55, 67, 94
s Rezept, -e 69
e Rezeption 67
richtig 20, 88, 113
s Riesenrad, ¨er 122
s Rind, -er 37, 38, 41
r Ring, -e 105, 106
s Rockkonzert, -e 54
r Polizist, -en 84, 89

rot 37, 42, 126
r Rotkohl 37
r Rücken, - 70
e Rückenlehne, -n 110
r Rücksitz, -e 88
rufen *etw*$_A$ / *jmd*$_A$ hat gerufen
  89
e Ruhe 67, 114
ruhig 62, 74
e Ruine, -n 122
rund um 102, 125
e Rundfahrt, -en 98

S

e Sache, -n 84, 123
e Sachertorte, -n 90
r Saft, ¨e 35, 37, 42
sagen *etw*$_A$ 29, 89, 104
e Sahne 37, 123
e Salami, -s 41
r Salat, -e 33, 35, 37, 41, 73
salzig 40
satt 40
r Satz, ¨e 43, 49, 96, 107
sauber 67, 114
sauer 40
e Sauna, -s 62
scannen 112
r Scanner, - 112
schade 53
s Schaf, -e 114
r Schal, -s 78
r Schalter, - 101
scharf 40, 104
schauen 60, 61, 108, 112
r Schauspieler, - 118
schenken *jmd*$_D$ *etw*$_A$ 107, 108
schicken *jmd*$_D$ *etw*$_A$ 80, 96, 112
s Schiff, -e 125
e Schifffahrtslinie, -n 125
s Schild, -er 48
r Schinken, - 37, 41
r Schlaf 57, 58, 74, 114
schlafen schläft, hat geschlafen
  45, 47, 48, 58, 66, 70, 72, 74
s Schlafmittel, - 114
r Schlafsack, ¨e 106
schlank 42
schlapp 74
r Schlauch, ¨e 91
schlecht 63, 110
schlimm 72, 75, 84
s Schloss, ¨er 122
r Schlosser, - 17
r Schluss 114

schmal 110
schmecken *(jmd*$_D$*) Adj* 40, 42
r Schmerz, -en 71, 72, 73, 74, 114
r Schmuck 106
schneiden *etw*$_A$ hat geschnitten
  47, 98
schnell 110
schneller 101
r Schnupfen 71, 74
e Schokolade, -n 41, 73
schön 10, 53, 58, 60, 61, 110,
  111
schon 17, 18, 53, 59, 61, 80, 84,
  90, 92, 112, 114, 122, 124
r Schornstein, -e 64
schrecklich 84
schreiben *(jmd*$_D$*) etw*$_A$ hat
  geschrieben 10, 16, 30, 31, 58,
  61, 70, 81, 106
schreien *(etw*$_A$*)* hat geschrien 77
r Schriftsteller, - 118
r Schuh, -e 28
e Schularbeiten *(Plural)* 85
e Schule, -n 86, 87
e Schülerin, -nen / r Schüler, - 14
s Schulheft, -e 85
schwarz 20, 37
s Schwein, -e 37, 73
Schweizer 102
schwer 74
e Schwester, -n 114
s Schwimmbad, ¨er 47, 94
schwimmen ist / hat ge-
  schwommen 45, 47, 70
schwitzen 80
r See, -n 103, 125
e Seebühne, -n 126
segeln *(Dir)* ist/hat gesegelt
  126
sehen *etw*$_A$ / *jmd*$_A$ sieht, hat
  gesehen 47, 54, 70, 80, 82, 89,
  116
e Sehenswürdigkeit, -en 126
sehr 15, 25, 58, 77
sehr geehrte(r) 72
sein *Name*$_N$ / *Beruf*$_N$ /*Adj* / *Sit*
  war, ist gewesen 7, 18, 31, 88
seit 66, 75, 101, 122
e Seite, -n 13
e Sekretärin, -nen 17
selber 106, 116, 120
selbst 58, 85, 112, 119
selbstverständlich 85, 124
e Semmel, -n 123
s Serbokroatisch 120

servus 123
r Sessel, - 58
sich 116
sicher 92
sie *(Singular)* 13, 14, 15, 25, 30,
  34
sie *(Plural)* 14, 16, 38, 40, 42,
  56
Sie 7, 8, 9, 10, 13
Silvester 108
e Sinfonie, -n 119
e Situation, -en 43, 49
r Sitz, -e 122
sitzen *Sit* hat gesessen 88, 99,
  103
r Ski, -er 55, 78, 79, 106
s Slowenisch 120
so 17, 19, 30, 39
so viel 72
so ... wie ... 102, 103
sofort 42, 62, 89, 90, 114
sogar 58, 73, 114
sollen soll, hat gesollt /
  hat ... sollen 72
s Sonderangebot, -e 41
sondern 28, 102
r Sonnabend, -e 54
e Sonne, -n 67
s Sonnenbad, ¨er 47
s Sorbisch 120
e Sorte, -n 42
e Soße, -n 40
sozial 103
r Spaß, ¨e 31
spät 53, 106, 108
später 14, 89, 103
spätestens 87
spazieren gehen *(Sit)* ist
  spazieren gegangen 55, 72
r Spaziergang, ¨e 47, 50, 74, 92
r Speicher 112
s Speichermodul, -e 112
e Speisekarte, -n 37
r Spiegel, - 58
s Spiel, -e 31, 52, 75, 82, 118
spielen *etw*$_A$ 12, 15, 16, 17, 43
r Spieler, - 31
r Sport 56, 72, 74, 118
e Sportlerin, -nen / r Sportler, -
  118
r Sportwagen, - 114
e Sprache, -n 107, 120, 121
sprechen *(mit jmd*$_D$*) (über etw*$_A$*)*
  spricht, hat gesprochen 16,
  17, 30, 37, 48, 70, 89, 116, 120,
  121

e Sprechstunde, -n 72, 73
e Spüle, -n 24, 25, 26
spülen *etw*$_A$ 30, 106
s Spülmittel, - 41
r Staat, -en 98, 102, 120, 124, 125
e Stadt, ¨e 90, 93, 94, 97, 98, 103,
   118, 120, 121, 122, 125
r Stahl 118
ständig 80
stark 42
starten 101
stattdessen 114
statt·finden hat stattgefunden 52
s Steak, -s 36, 37, 38, 41
e Steckdose, -n 21, 23, 113
r Stecker, - 21, 22
stehen *Sit* ist / hat gestanden
   74, 99, 103, 122
steigen ist gestiegen 103
stellen *etw*$_A$ *Dir* 92, 100
sterben stirbt, ist gestorben 114,
   119
still 88
stimmen 31, 104, 108
e Stirn 69
r Stock, Stockwerke 62, 67
stören 48, 64, 74
e Störung, -en 74, 114
r Strand, ¨e 67
e Straße, -n 10, 98, 101, 102
r Streit, Streitigkeiten 64
r Stress 72, 74, 114, 115
r Strom, ¨e 113
s Stück, -e 41
e Studentin, -nen / r Student, -en
   16, 55, 66, 103
studieren *etw*$_A$ 14, 16, 103
s Studio, -s 93, 94, 112
s Studium 103, 119
r Stuhl, ¨e 21, 23, 24, 25
e Stunde, -n 62, 63, 87, 122
suchen *etw*$_A$ / *jmd*$_A$ 63, 81, 88,
   89, 119
e Suchmeldung, -en 89
Süd- 121
r Süden 120
südlich 125
r Supermarkt, ¨e 86, 94
e Suppe, -n 35, 37, 40
surfen 14, 45
süß 40, 42

T

e Tabelle, -n 62
e Tablette, -n 71, 73, 74, 114

r Tag, -e 7, 17, 62, 70, 79
täglich 69, 98, 101
e Tankstelle, -n 104
e Tante, -n 114
r Tanz, ¨e 52
tanzen 45, 47, 48, 70, 95
e Tasche, -n 100, 105
e Taschenlampe, -n 22, 111
r Taschenrechner, - 21, 22
e Tasse, -n 35
e Taube, -n 64
tauschen *etw*$_A$ *(mit jmd*$_D$*)* 47
e Technik 14, 112
technisch 116
r Tee, -s 35, 36, 71, 72, 74
r Teil, -e 98, 103, 120
s Telefon, -e 10, 26, 28, 62, 90, 93,
   113, 114
telefonieren *(mit jmd*$_D$*)* 86, 89,
   95
e Telefonistin, -nen 17
e Telefonzelle, -n 67, 94
r Teller, - 33, 37
s Tennis 16, 52, 55, 70, 82, 106,
   108
r Teppich, -e 59, 90
r Termin, -e 54, 111
e Terrasse, -n 57, 62, 64, 65
teuer 60
r Text, -e 16, 41, 88, 89, 112,
   122
s Textilgeschäft, -e 94
s Theater, - 56, 81
s Thema, Themen 72
tief 125
e Tiefgarage, -n 62
s Tier, -e 114
r Tipp, -s 74
r Tisch, -e 21, 22, 26, 58
r Tischler, - 90
s Tischtennis 45, 47, 54
s Toastbrot, -e 37
r Tod 122
e Toilette, -n 62, 89
tolerant 103
e Tomate, -n 41
r Ton, ¨e 112
r Topf, ¨e 21, 23
s Tor, -e 98, 99, 102
e Torte, -n 47
total 83
r Tourist, -en 67, 122
tragen *etw*$_A$ trägt, hat getragen
   106
r Tramper, - 18
r Traum, ¨e 63

träumen *etw*$_A$ / *Adj* 50
treffen *jmd*$_A$ trifft, hat getroffen
   51, 53, 67, 81, 103
treiben *etw*$_A$ hat getrieben 72,
   74
trennbar 83
e Treppe, -n 84
s Treppenhaus, ¨er 57
trinken *etw*$_A$ hat getrunken 34,
   45, 47, 70, 108
r Trinker, - 42
trocken 40
tropfen 91
r Tropfen, - 72
trotzdem 63, 103
tschüs 53, 123
tun *etw*$_A$ hat getan 65, 73, 92
e Tür, -en 90, 91
r Turm, ¨e 98, 122
typisch 42

U

üben *(etw*$_A$*)* 36, 54, 78
über 72, 98, 104
über ... nach ... 101
überall 42, 120, 125
überflüssig 115
überhaupt 44
überlegen *(etw*$_A$*)* 82, 114
übernachten *Sit* 95
übrigens 17, 114
e Übung, -en 37, 53, 55, 74
s Ufer, - 124
e Uhr, -en 26, 27, 28
e Uhrzeit, -en 53, 86
um 50, 125
um ... herum 104
e Umgebung, -en 103
um·ziehen ist umgezogen 58, 83,
   90
r Umzug, ¨e 114
unbedingt 72, 74, 75, 115
und 7, 28
r Unfall, ¨e 83, 84
ungefähr 125
s Unglück, Unglücksfälle 79
e Universität 102, 103
unmöglich 72
unpraktisch 60
r Unsinn 80
unten 42, 76
unter 98, 102
r Unterricht 79
r Unterschied, -e 42
unterwegs 112

Seite 13: oben: MHV-Archiv (Franz Specht)
Seite 14: oben: MHV-Archiv (Franz Specht);
Landkarte: MHV-Archiv (Kartographie Huber);
unten: Österreich-Werbung (Mallaun)
Seite 15: MHV-Archiv (Franz Specht)
Seite 18: Karte: Ruth Kreuzer, London
Seite 24: Küchenmöbel: Mit freundlicher Genehmigung
der Leicht Küchen AG, Waldstetten; *Lampen:* Ikea
Deutschland
Seite 28: Abbildungen links: Mit freundlicher
Genehmigung der Grundig AG, Nürnberg;
rechts: Helm-Fernseher: Philips GmbH, Hamburg;
Damenschuh-Telefon: Albrecht, Telefontechnik,
Trittau; *Parkuhr-Radio:* Werner Bönzli,
Reicherthausen
Seite 42: Bierlexikon: MHV-Archiv (Franz Specht)
Seite 45: Surfen, Volleyball: MHV-Archiv (MEV)
Seite 46/47: MS Europa, Hapag-Lloyd AG, Bremen
Seite 58: Zeichnungen: Ruth Kreuzer, London
Seite 59: Elektroherd: AEG Deutschland; *Kühlschrank:*
Werner Bönzli, Reichertshausen; *alle anderen
Abbildungen:* mit freundlicher Genehmigung von
Ikea Deutschland
Seite 62: Karte: Ruth Kreuzer, London
Seite 67: Strandhotel: Haus am Hügel, Kloster/Hidden-
see; *Landschaft:*
© Regine Endres, www.webandwild.com
Seite 69: Apotheke: MHV-Archiv (MEV)
Seite 75: Mitte rechts: Charles Heard, München
Seite 81: Maler: © Ernst Luthmann, Ismaning; *Kochen,
Aufräumen, Schreiben, Fernsehen, Bett gehen,
Internet surfen:* © Hartmut Aufderstraße,
Bereldange/L
Seite 82: MHV-Archiv (Jens Funke)
Seite 88: Karte: Ruth Kreuzer, London
Seite 89: Foto: MHV-Archiv (Dieter Reichler);
Zeichnung: Jana Weers, Weßling
Seite 94: Zeichnung: Ruth Kreuzer, London
Seite 98: 1: MHV-Archiv (MEV); 2, 4, 5: © Presse- und
Informationsamt des Landes Berlin (Thie, G.
Schneider, W. Gerling); 3: © Partner für Berlin/FTB-
Werbefotografie (Fritsch); 6: © Ildar Nazyrov, Berlin

Seite 99: 1, 2: © Presse- und Informationsamt des Landes
Berlin (G. Schneider, W. Gerling); 3, 4, 5: © Partner
für Berlin/FTB-Werbefotografie (Fritsch);
Zeichnungen: Michael Luz Illustration, Stuttgart
Seite 100: 1, 3, 5, 6: © Presse- und Informationsamt des
Landes Berlin (W. Gerling, G. Schneider, Thie); 2:
© Partner für Berlin/FTB-Werbefotografie; 4: MHV-
Archiv (MEV); *Zeichnungen:* Michael Luz
Illustration, Stuttgart
Seite 101: Karte: Ruth Kreuzer, London
Seite 102: © Presse- und Informationsamt des Landes
Berlin (G. Schneider)
Seite 103: Presse- und Informationsamt des Landes Berlin
(G. Schneider, Thie)
Seite 105: Pfeife, Blumenstrauß, Handtasche:
Prospektmaterial
Seite 106: Zweimannzelt, Schlafsack: © Big Pack
GmbH; *Discman:* © Sony Deutschland GmbH 2002
Seite 110: Zeichnungen: Michael Luz Illustration,
Stuttgart
Seite 112: Fotomesse: © Sony Deutschland GmbH 2002
Seite 114: MVH-Archiv (MEV)
Seite 115: Motorrad: © BMW AG; *Computer:* © Fujitsu
Siemens Computer Pressebild 2002
Seite 117: Dr. Paul Schwarz, Landau
Seite 119: MHV-Archiv
Seite 120/121: Karte: Ruth Kreuzer, London
Seite 122: A: MHV-Archiv (MEV); *B:* © KölnTourismus
(Inge Decker); *C:* © Peter Scharnagl/Hofbräuhaus
München; *D:* © Schweiz Tourismus, Frankfurt; *E:*
MHV-Archiv (MEV); *F:* © Österreich Werbung
(Mayer); *G:* © Hamburg Tourismus GmbH; *H:*
© Presse- und Informationsamt des Landes Berlin /
G. Schneider
Seite 124: Reliefkarte Bodensee: entnommen dem
Bodensee-Magazin, Konstanz
Seite 126: Touristen: Grasser, Luxemburg; *Mainau:*
© www.mainau.de; *Bregenz:* © Bregenzer Festspiele
(Karl Forster); *Zeppelin:* © Zeppelin Museum
Friedrichshafen; *Pfahlbaudorf / Kloster Birnau:*
© Tourist-Information Uhldingen-Mühlhofen GmbH;
Rheinfall: © Schaffhausen Tourismus

*Fotos Seiten 7, 9 (unten), 12, 16, 17, 18, 30, 34 (3 Fotos oben), 37 (oben), 38 (oben), 39 (Personenfotos), 40 (Personen-
fotos), 43, 45 (faulenzen, schlafen, schwimmen), 49, 54, 58, 60 (oben), 63, 66 (A, B, C, D), 70, 72, 73, 74, 75 (oben und
ganz unten), 76, 77, 78 (Personenfoto), 81 (ins Kino, ins Konzert, ins Theater gehen, Begrüßung, Fahrrad fahren,
Essen gehen, Kaffee trinken), 83, 84, 85, 97, 123 (oben):* Gerd Pfeiffer, München

*Fotos Seiten 9 (oben), 10, 11, 13 (unten), 21, 22 (obere Reihe), 24 (unten links), 33, 36 (Personenfoto), 37 (unten), 41,
45 (Tennis spielen, lesen, Wein trinken, Musik hören, Musik machen, Tanzen), 55, 57, 60 (unten), 66 (Gebäude), 69
(Medikamente, Rezepte), 75 (Mitte links), 78 (Objekte), 81 (Häuser, Gartenarbeit, Blumen gießen, Lesen), 93, 95, 105
(restliche), 106 (restliche), 108, 110 (Tische), 112, 113 (oben), 123 (Lebensmittel):* Werner Bönzli, Reichertshausen;

Fotos Seiten 22 (mittlere und untere Reihe), 23, Lebensmittel auf S. 34 , 36, 38, 39, 40: Anahid Bönzli, Tübingen

Wir haben uns bemüht, alle Inhaber von Bildrechten ausfindig zu machen. Sollten Rechte-Inhaber hier nicht aufgeführt
sein, so ist der Verlag für entsprechende Hinweise dankbar